Ruediger Schache

DER WEG DES SANFTEN LÖWEN

Warum es sich lohnt,
anders zu sein

GOLDMANN

Der Goldmann Verlag weist ausdrücklich darauf hin, dass im Text enthaltene externe Links vom Verlag nur bis zum Zeitpunkt der Buchveröffentlichung eingesehen werden konnten. Auf spätere Veränderungen hat der Verlag keinerlei Einfluss. Eine Haftung des Verlags für externe Links ist stets ausgeschlossen.

Die hier vorgestellten Informationen und Heilmethoden sind nach bestem Wissen und Gewissen geprüft, dennoch übernehmen die Autoren und der Verlag keinerlei Haftung für Schäden irgendeiner Art, die sich direkt oder indirekt aus dem Gebrauch dieser Informationen oder Heilmethoden ergeben.

MIX
Papier aus verantwortungsvollen Quellen
FSC® C084279

Verlagsgruppe Random House FSC® N001967

1. Auflage
Originalausgabe Januar 2017

Umschlaggestaltung: UNO Werbeagentur, München
Umschlagmotiv: © Jungle Party, 1993 (acrylic on paper), Wright, Liz (b.1950) / Private Collection / Bridgeman Images
Lektorat: Annette Barth, Hamburg
Satz und Layout: Grafikdesign Storch/Ulrike Vohla, Rosenheim
FM · Herstellung: cb
Druck: Print Consult GmbH, München
Printed in Austria
ISBN 978-3-442-22182-0

www.goldmann-verlag.de

Inhalt

Der Weg des sanften Löwen

Warum es sich lohnt,
anders zu sein

Bis zum Horizont

Es war ein ganz gewöhnlicher Tag irgendwo in Afrika. Der junge Löwe Mojo lag müde blinzelnd neben seiner Mutter. Umgeben von den anderen Mitgliedern seines Rudels hatte er von seinem Hügel aus das Revier bis zum nahen Horizont im Blick. Die kleine Wasserstelle, der tiefe Graben, das Löwenhaus, die Gnus, Antilopen, Gazellen, Zebras, Giraffen, Nashörner und Elefanten in den anderen Gehegen. Dazwischen, auf grau gesandeten Wegen, schlenderten Eis und Popcorn essende Besucher. Einige von ihnen versuchten immer wieder, die Aufmerksamkeit der Tiere mit Rufen und Gesten auf sich zu lenken. Doch niemand im Rudel verschwendete mehr als einen müden Blick an sie.

Jeden Morgen kam entweder ein dunkelhäutiger Menschenmann oder eine hellhäutige Menschenfrau in das Löwenhaus und stampfte mit einem Stock, an dem hell klingende Schellen befestigt waren, auf den Boden. Das Geräusch war störend und trieb alle Löwen nach draußen, wo sie dann ihren Tag verbrachten.

Später am Vormittag brachte jemand das Essen, was meistens bedeutete, dass große Brocken Fleisch mit einem langen Stock über den rückwärtigen Zaun gestoßen wurden. Ab und zu kam ein Menschenmann, der Mojo oder einen der anderen Löwen betäubte, das Fell mit scharf riechender Luft besprühte oder etwas an den Zähnen machte.

In diese Welt war Mojo geboren worden, und für ihn war es die einzige, die es gab.

Dem Unwissenden
erscheint selbst ein
kleiner Garten
wie ein Wald.

Sprichwort aus Äthiopien

Das gute Leben

In Mojos klar umgrenzter Welt gab es alles, was Löwen brauchen, um ein gutes Leben zu haben. In einer Ecke des Geheges standen mehrere Bäume so nahe beieinander, dass es aussah, als würden sie sich mit ihren Ästen gegenseitig umarmen. Besonders in der Mittagshitze versammelten sich die meisten Rudelmitglieder am liebsten unter ihrer Schatten spendenden Blätterkuppel. An der gegenüberliegenden Ecke des Löwengeländes, die an das Gehege der Gazellen und Zebras grenzte, stand ein einzelner mächtiger Baum, unter den sich aber selten jemand legte, weil er einen scharfen Geruch verströmte. Nur ältere Löwen mit schlechteren Nasen konnten es dort eine Weile aushalten. Manche sagten sogar, es täte ihnen gut und sie könnten danach besser atmen. Aber was die Alten sagten, war für die Jungen schon immer merkwürdig gewesen.

Um das Löwenhaus herum gab es vier Hügel. Der höchste und breiteste gehörte Mojos Eltern, denn Mojos Vater war der Anführer des Rudels. Zwischen den Hügeln lag das spiegelnde Wasser, das an manchen Tagen so tief war, dass man darin schwimmen konnte. Niemand aus dem Rudel wäre freiwillig hineingegangen. Aber unter den jungen Löwen gab es gelegentlich Mutproben, und so wusste Mojo, was es mit dem Geheimnis des spiegelnden Wassers auf sich hatte. Obwohl es an der Oberfläche genauso aussah wie der Himmel über dem Gehege, konnte man dennoch nicht darin atmen. Deshalb taten kleine Löwen gut daran, achtsam damit umzugehen. Doch auch wenn das spiegelnde Wasser gefährlich werden konnte, war es nichts im Vergleich zu der zweiten Sache, vor der man sich hüten musste.

Der tiefe Graben

Um das ganze Gehege herum zog sich ein großer Graben. Glaubte man den alten Erzählungen, so hatte es kein Löwe, der jemals hineingestürzt war, aus eigener Kraft wieder herausgeschafft. Die senkrechten Wände waren so hart und glatt, dass selbst die schärfsten Löwenkrallen ihnen nicht einmal eine Schramme beibringen konnten. Um den Graben wieder verlassen zu können, war man auf die Hilfe der Wärter angewiesen, die dazu zwei aneinandergebundene dünne Baumstämme zum Boden des Grabens hinabließen. Der gefallene Löwe versuchte dann unter großer Mühe, über die schmale und federnde Konstruktion herauszuklettern, was insgesamt ein entwürdigendes Schauspiel war. Seit es alle einmal beobachtet hatten, nahm sich jedes Rudelmitglied in Acht, dass ihm nicht das Gleiche widerfuhr.
Der Graben war ein Feind, eine Grenze und eine Legende zugleich. Niemand wusste, wie er entstanden war und wozu er diente. Aber jeder wusste, dass man sich von ihm fernhalten musste. Überlieferungen berichteten, dass lange vor Mojos Zeit einmal ein Löwe hineingefallen war, während ein Menschenwärter gerade die Abfälle der Besucher herausholte. Dabei war es zu einer Rangelei gekommen, und weder der Wärter noch der Löwe waren danach jemals wieder gesehen worden. Der Graben konnte hineingefallene Lebewesen offenbar einfach verschlucken. Eigentlich gab es keine einzige gute Geschichte über den großen Graben, weshalb auch alle darauf achteten, ihn nicht zu oft zu erwähnen.

Das große Geheimnis

»Vater, ich habe eine Frage, die mich nicht loslässt, seit ich denken kann«, sagte Mojo eines Tages zu Chaka, dem Anführer, der im Schatten der sich umarmenden Bäume döste.
»Nur zu«, sagte Chaka und gähnte.
»Wie ist die Welt außerhalb unserer Welt?«, fragte Mojo.
»Sprich nicht darüber«, sagte sein Vater, und seine Stimme klang plötzlich ganz streng. »Es ist ein Geheimnis.«
»Aber wenn es ein Geheimnis ist, muss es jemanden geben, der die Antwort weiß und sie geheim hält«, sagte Mojo. »Sonst wäre es kein Geheimnis.«
»Du bist ganz schön aufgeweckt«, sagte Chaka, nun wieder etwas milder. »Man merkt, dass du mein Sohn bist.«
»Wer also kennt die Antwort auf das große Geheimnis?«, bohrte Mojo weiter.
»Niemand, der vernünftig im Kopf ist«, sagte Chaka. »Aber du kannst dir die Frage selbst beantworten. Sieh dich um. Außerhalb der Welt unseres Rudels ist es genauso wie hier. Gehege und Gräben, so weit das Auge reicht. Nur leben dort die niedrigeren Tiere.«
»Und noch weiter dahinter?«, fragte Mojo. »Was, wenn man bis zum Ende der Welt gehen könnte?«
»Sieh dort hinüber«, sagte Mojos Vater und deutete mit seinem Blick in Richtung der gekalkten Mauer, die den Tierpark wie ein Ring umschloss. »Das Ende der Welt ist weiß. So war es schon immer.«
»Aber der Himmel muss irgendwo hinführen«, sagte Mojo.
Der Chef legte den Kopf ein wenig in den Nacken und blinzelte in Richtung Sonne. »Selbstverständlich«, sagte er dann. »Der Himmel führt nach oben, in die Welt der Vögel. Ein

Raum, der uns verwehrt ist. Also, warum sollen wir uns darüber Gedanken machen?«

»Ich habe beobachtet, dass die Vögel nicht nach oben verschwinden, sondern hinter dem weißen Ende der Welt«, sagte Mojo. »Manchmal kommen sie auch von dort zurück. Also muss es hinter dem Weißen weitergehen. Vielleicht ist dort alles Himmel.«

Chaka schüttelte unwillig die Mähne.

»Mojo, mein Junge, selbst wenn es so wäre, dann würde jeder, der das Weiße überquert und nicht fliegen kann, abstürzen.«

Mojo wartete kurz, weil er wusste, dass Pausen Respekt bedeuteten.

»Es gibt auch das Gerücht, dass hinter dem Weißen nicht nur blauer Himmel ist, sondern etwas, das man Freiheit nennt«, sagte er dann.

»Löwen reden viel, wenn der Tag langweilig ist«, sagte der Chef. »Und jetzt hör auf, Fragen zu stellen, die ohnehin nie jemand beantworten wird. Wir haben Wichtigeres zu tun.«

Die Wahrheit existiert
jenseits der Berge.
Um sie zu erkennen,
muss man reisen.

Sprichwort aus Kamerun

Spiele

Seit Mojo sich erinnern konnte, spielten die Junglöwen vormittags und am späten Nachmittag miteinander. Diese Spiele dienten dazu, Kraft und Geschicklichkeit zu entwickeln, aber auch herauszufinden, wer der Stärkste in der Jugendgruppe war. Es wurde viel gebalgt, gebissen und gekratzt, aber niemals fügte ein Löwe einem anderen nennenswerten Schaden zu. Und falls aus Übermut doch einmal ein kleines Unglück passierte, war es schnell wieder vergessen.
Inzwischen war Mojo körperlich fast so groß wie sein Vater, auch wenn seine Mähne noch um einiges kürzer und sein Körper schlank und leicht war. Immer noch spielten Mojos Freunde so ausgelassen miteinander wie in ihren ersten Tagen, doch einem Betrachter von außen konnte nicht verborgen bleiben, dass hier junge, starke Löwen ihre Kräfte für den späteren Wettbewerb um das Recht des Stärksten erprobten.
Eines Tages veränderte sich in der Gruppe von Mojos Freunden etwas, und das wiederum veränderte Mojos ganzes Le-

ben auf einen Schlag. Denn er wurde plötzlich und ohne sichtbaren Anlass von manchen seiner alten Freunde vorsichtiger behandelt, von anderen hingegen deutlich rauer. Mojo spürte, dass er kein wirkliches Mitglied der Gruppe mehr war, auch wenn er noch wie früher seine Zeit mit ihnen verbrachte. Die anderen gehörten eindeutig noch zusammen, Mojo aber stand nun am Rand. Und er hatte keine Ahnung, warum.

»Pandu, warum sind alle plötzlich so anders zu mir?«, fragte Mojo seinen besten Freund.

»Niemand behandelt dich anders als sonst«, sagte Pandu.

Doch bereits der Tonfall, in dem er es sagte, war nicht mehr derselbe wie früher.

Auch von anderen Mitgliedern des Jungrudels, die er fragte, bekam Mojo keine ehrliche Antwort. Am Ende wusste er nur eines sicher: Er gehörte nicht mehr dazu.

Freundliche Worte
sind leicht,
Freundschaft ist schwer.

Sprichwort aus Uganda

Der Auftrag

Am Morgen nach dem rätselhaften Tag, an dem sich alles verändert hatte, kam Chaka auf Mojo zu. Chaka war ein mächtiger Löwe mit sehr tiefer Stimme, den alle nur »Chef« nannten. Dass er seinen Sohn aufsuchte, war ungewöhnlich, denn normalerweise ließ der Chef die anderen zu sich rufen, wenn es etwas zu besprechen gab.

»Mein Junge, es ist Zeit, dass du den Sinn deines Daseins verstehst«, sagte Chaka mit feierlicher Miene. Seine Mähne, die aussah wie aus Fell geformte Gewitterwolken, umspielte bei jeder Bewegung sein kantiges Gesicht.

»Im Moment verstehe ich noch nicht einmal meine eigenen Freunde«, sagte Mojo. »Seit gestern grenzen mich alle aus. Völlig grundlos.«

»Das ist nicht deine Schuld«, sagte der Chaka. »Denn gestern habe ich es deiner Mutter gesagt. Sie hat es den anderen Müttern erzählt, und daraufhin wussten es auch alle Junglöwen.«

»Was denn?«, fragte Mojo.

»Dass ich dich zu meinem Nachfolger machen werde.«

»Ich soll du werden?«, fragte Mojo entrüstet.

»So hätte ich es nicht ausgedrückt«, sagte der Chef. »Aber auf eine Art hast du damit recht.«

»Und darum grenzen sie mich aus?«, fragte Mojo.

»Sie grenzen dich nicht aus«, sagte Chaka. »Sie erweisen dir nur Respekt. Weil du besonders bist.«

»Aber ich weiß gar nicht mehr, wie ich mich jetzt verhalten soll«, sagte Mojo.

»Wenn du besonders bist, hast du nur zwei Möglichkeiten«, sagte Mojos Vater. »Entweder du passt dich an und bleibst dabei doch immer ein unglücklicher Außenseiter. Oder du

akzeptierst deine Andersartigkeit und erschaffst deine eigene Welt, in der du der Chef bist. Für dich, mein Sohn, ist das zweite vorgesehen.«
»Aber wenn ich alle Freunde verliere, weil sie denken, ich sei anders, bin ich am Ende allein«, sagte Mojo.
»Daran gewöhnst du dich. Sieh mich an. Habe ich auch nur einen einzigen wahren Freund?«
Mojo dachte kurz nach, dann schüttelte er den Kopf.
»Das bedeutet es, ein Chef zu sein«, sagte Chaka. »Es ist der Preis der Macht. Nichts weiter erlebst du gerade.«
»Warum habt ihr mich nicht gefragt, ob ich es überhaupt will?«, fragte Mojo.
»Mein Junge, es geht hier nicht um eine Frage des Wollens«, sagte sein Vater und schlug dabei einen bewusst geduldigen Tonfall an. »Du bist für die Position auserwählt. Darüber solltest du dich freuen, denn die meisten würden viel für die Ehre geben, Chef zu sein. Es bringt wichtige und ruhmvolle Aufgaben mit sich.«
»Und worin bestehen diese Aufgaben?«, fragte Mojo.
»Wenn das Essen kommt, bestimmt der Chef, in welcher Reihenfolge gegessen wird und wer wie viel bekommt«, erklärte sein Vater. »Wenn irgendwo Streit entsteht, ist es die Aufgabe des Chefs, für Ruhe zu sorgen. Wenn sich zwei nicht einigen können, muss der Chef Recht sprechen. Wenn jemand die Position eines anderen angreift und der andere sich nicht selbst wehren kann, muss der Chef die Positionen der beiden neu verteilen. Falls das Rudel angegriffen wird, muss der Chef ganz vorne stehen und alle anführen.«
»Angegriffen? Von wem?«, fragte Mojo.

»Es ist bislang noch nicht vorgekommen«, sagte sein Vater. »Aber die Legenden berichten, dass die Angreifer irgendwo da draußen warten. Als Chef muss man darauf vorbereitet sein.«

Mojos Mutter gab ein Geräusch von sich.

»Ach ja«, sagte Mojos Vater daraufhin. »Und natürlich muss ein Anführer für Nachwuchs sorgen, denn auch er wird eines Tages alt und braucht einen Nachfolger. Du siehst also, das Leben eines Anführers ist wirklich ausgelastet. Es ist eine große Aufgabe für einen starken und intelligenten Löwen.«

»Ja«, sagte Mojo. »Das ist es wohl.«

»Gut. Dann fangen wir ab morgen mit deiner Ausbildung an.«

Du wirst kein Chef,
indem du dich
auf einen großen Stuhl
setzt.

Sprichwort aus Ghana

Nacht ohne Schlaf

In dieser Nacht fand Mojo zum ersten Mal in seinem Leben keinen Schlaf. Vielleicht lag es an den aufwühlenden Neuigkeiten der letzten zwei Tage, ein wenig vielleicht auch an seinem neuen Schlafplatz. Er wollte weder wie bisher bei seinen Freunden liegen, noch fühlte es sich richtig an, neben den Erwachsenen und Alten zu schlafen. Und so lag Mojo alleine neben der Tür nach draußen.

Eigentlich, dachte er, gehöre ich nun nirgends mehr dazu. Wie soll ich als Fremder im eigenen Rudel jemals ein guter Anführer werden?

Bei diesen Gedanken erfasste eine riesige Sehnsucht sein Herz. Es war, als würde das große Geheimnis ihn von außerhalb der weißen Grenze zu sich rufen. Nur konnte er diesem Ruf nicht folgen. Und das fühlte sich sehr schmerzhaft an.

Die neue Aufgabe

»Das Wichtigste an der Arbeit eines Anführers ist es, immer den Überblick zu behalten«, erklärte Mojos Vater am nächsten Morgen nach dem Frühstück. »Alle Lebewesen suchen nach Zugehörigkeit, Klarheit und Perspektive. Weil das glücklich macht. Wenn du ihnen diese Gefühle geben kannst, akzeptieren sie dich als Chef.«

»Und wie soll ich das anstellen?«, fragte Mojo.

»Sie brauchen einen Sinn«, sagte Chaka. »Mehr musst du dir nicht merken. Jeder, der seinen Sinn kennt, lebt glücklich und ruhig. Wer am Sinn zweifelt, den kann auch nichts anderes glücklich machen. Deshalb muss ein Chef für seine Anvertrauten unbedingt gute Antworten auf die Fragen nach dem Sinn ihres Daseins haben.«

Der Chef schüttelte sich, und für einen Moment umgab eine feine Staubwolke im Gegenlicht seinen Kopf wie ein Heiligenschein.

Mojo lächelte.

»Das ist genau, was auch mich beschäftigt«, sagte er. »Was ist der Sinn unseres Daseins? Was tun wir hier?«

»Das ist einfach zu erklären«, sagte sein Vater. »Der Sinn ist, dass wir hier sind und dass wir uns wie Löwen verhalten. So wie alle Löwen vor uns es taten und wie alle nachfolgenden es ebenfalls tun werden. Wir essen, spielen, schlafen, und vor allem zeigen wir allen anderen unsere Stärke. So werden wir immer gefürchtet, und niemand wagt es, uns Ärger zu machen.«

»Das ist alles?«, fragte Mojo.

»Das ist mehr als genug, wenn du es gut machen willst.«

Chaka sah seinen Sohn mit strengem, aber liebevollem Blick an.

»Warum fragst du so seltsam?«, fragte er.
»Es kann doch nicht der Sinn unseres Lebens sein, einfach nur Löwe zu sein«, meinte Mojo vorsichtig. »Es muss mehr geben.«
Er hatte großen Respekt vor seinem Vater, aber die Fragen in seinem Kopf ließen ihm einfach keine Ruhe. Chaka blieb geduldig. Er schien es als Teil seiner Lehraufgabe zu betrachten, auch auf die kritischen Fragen seines Sohnes ausführlich einzugehen.
»Warum sollte es mehr geben?«, sagte er. »Es geht uns gut, wir brauchen uns um nichts zu sorgen. Wir müssen nicht kämpfen, und wir müssen uns von niemandem etwas gefallen lassen. Wir dürfen spielen, uns vermehren und uns an

unseren Kindern erfreuen. Wir sind die Könige hier. Also erfreue dich ebenfalls daran, denn unser Leben könnte auch schlechter sein.«
Er gähnte genüsslich.
»Als ich noch so jung war wie du, hatte ich ähnliche Flausen im Kopf«, sagte er dann. »Man nennt es Träume. Sie entspringen der Fantasie und machen unzufrieden. Aber das verliert sich mit der Zeit von selbst. Du solltest dein Leben so genießen, wie es ist, und dir nicht so viele Gedanken machen.«
»Aber ich kann meine Gedanken nicht abstellen«, sagte Mojo.
»Dennoch musst du es üben«, sagte sein Vater. »Es ist eine wichtige Disziplin.«
»Warum?«
»Weil diese Gedanken dich unzufrieden machen. Und das ist nicht gut.«
Chakas Stimme war immer noch ruhig, aber es schwang jetzt ein wenig Ungeduld mit.
»Lautet das Mittel gegen Unzufriedenheit, nicht mehr nachzudenken?«
Der Satz war Mojo herausgerutscht, bevor ihm klar wurde, dass er respektlos wirken könnte.
»Das Mittel lautet, das Richtige zu denken«, antwortete der Chef, jetzt in deutlich schärferem Ton. »Denke so wie ich, und du wirst immer zufrieden sein. Überzeuge die dir Anvertrauten, und sie werden ebenfalls zufrieden sein. So funktioniert das Rudel. So ist die Welt.«
Mojo deutete mit einer Pfote zum Gehege der Antilopen.
»Vielleicht ist das nur bei uns so?«, sagte er vorsichtig.
»Ich würde gerne wissen, was die anderen Tiere denken.«
Der Chef schüttelte den Kopf.

»Nichts, denn sie können gar nicht denken«, sagte er. »Sieh sie doch nur an. Sie sind ganz anders als wir. Dünn, voller Angst und sie sprechen nicht einmal verständlich. Was willst du von ihnen lernen, das ich dir nicht viel besser beibringen könnte?«

»Vielleicht wissen sie etwas über die Freiheit«, meinte Mojo trotzig. »Manche waren nicht immer hier.«

Mojos Vater runzelte die Stirn. »Junge, wann wirst du dich endlich an das Gesetz zum großen Geheimnis halten?«

Seine Stimme klang jetzt tief wie Donnergrollen, was immer ein Zeichen für großen Unmut war.

»Aber die Legenden erzählen davon«, sagte Mojo leise.

»Genau deshalb nennt man sie ja auch Legenden«, sagte Chaka und betonte dabei jedes Wort. »Weil sie nicht wirklich sind. Warum willst du überhaupt weg von hier?«

Mojo sah sehnsüchtig zum Himmel.

»Weil ich erleben will, wie es draußen ist. Die Savanne, der endlose Horizont, die vielen Tiere …«

»Alles Behauptungen, Hirngespinste, die niemand je gesehen hat …«, unterbrach ihn sein Vater.

»Doch, der alte Rodney …«

»… außer einem alten Spinner in seiner Fantasie«, fuhr Chaka fort. »Mein Sohn, du bleibst bei uns. Hier hast du eine Zukunft und eine Aufgabe. Wenn ich zu alt bin, wirst du unser Anführer werden.«

»Und wohin soll ich das Rudel führen?«, fragte Mojo. »Wir sind doch alle eingesperrt. Wozu braucht man einen Führer, wenn man sich niemals verirren kann und wenn immer für alles gesorgt ist?«

Der Chef überlegte, während er zu den drei spielenden Junglöwen hinübersah, die im Frühjahr geboren worden waren.

»Du kannst den anderen unsere Traditionen weitergeben«, sagte er nach einer Weile. Es schien ein wenig Resignation in seinen Worten mitzuschwingen.
Mojo liebte seinen Vater, auch wenn dieser oft streng war, deshalb schlug er einen versöhnlichen Ton an.
»Ich weiß nicht, ob ich dafür der Richtige bin, Vater«, sagte er.
»Mein Sohn, ich kann dir nur raten, gut darüber nachzudenken, was du alles aufgeben würdest. Außerdem …«, Chaka gähnte genüsslich, »… kommt sowieso niemand hier heraus. Auch du nicht.«
Mojo wusste, dass ihr Gespräch damit beendet war. Er machte sich auf den Weg zum anderen Ende des Geheges, wo um diese Zeit immer seine Mutter Millian mit seinen zwei Brüdern lag.

»So haben wir es immer gemacht« bringt den Fortschritt nicht voran.

Sprichwort aus Ghana und Togo

Neue Fragen

»Ich habe mit Vater gesprochen«, sagte Mojo zu seiner Mutter, wohl wissend, dass diese Bemerkung überflüssig war. Jeder im Rudel hatte es beobachten können.

»Er sagt, über die Freiheit nachzudenken würde mich unglücklich machen.«

»Dein Vater hat recht«, meinte Millian. »Glaub mir, mein Junge. Man sagt, die Freiheit soll nur wertvoll sein, wenn man damit etwas anzufangen weiß. Sonst macht sie tatsächlich unglücklich.«

Mojo knurrte missmutig.

»Was ist nur so anders an dieser Freiheit?«, sagte er. »Was ist so gefährlich? Alle versuchen, mir meinen Traum auszureden.«

»Sie wollen doch nur dein Bestes«, sagte Millian. »Sie möchten, dass du glücklich bleibst.«

Mojo schüttelte den Kopf.

»Ich glaube, sie wollen nur nicht sehen, wie jemand einem Traum folgt, den sie selbst schon lange aufgegeben haben. Ich wüsste genau, was ich anstellen würde, wenn ich frei wäre.«

»Was denn, mein Junge?«

Seine Mutter legte den Kopf etwas zur Seite und sah ihren Sohn liebevoll an.

»Ich würde …« Mojo sah nachdenklich zum Himmel, wo gerade eine Möwe vorüberzog. »Ich würde zusammen sein mit all den anderen Tieren, von denen die Legenden berichten. Nie mehr getrennt durch Gräben, Mauern, Zäune oder starre Ansichten. Ich würde mit ihnen sprechen, um zu verstehen, wie sie denken. Und wenn ich das wüsste, würde ich versuchen, ein Rudel mit allen zu bilden, die ähnlich denken. Ganz gleich wie sie aussehen und wo sie herkommen.«

»Ach Mojo!«, seufzte seine Mutter. »Du verstehst noch so wenig von der Welt. Es gibt doch gerade deshalb so viele Rudel und Herden, weil die Tiere stolz auf ihre eigene Art sind. Gerade ihre Besonderheiten wollen sie bewahren und schützen, deshalb folgen sie ihren Führern. Und diese würden niemals zulassen, sich mit anderen zu vereinen. Es sind die Stärksten und die Klügsten, die sich nach oben gekämpft haben. Jeder von ihnen hat schwer für seinen Rang gearbeitet. Da kann man nicht einfach ein großes Rudel aus allen machen.«
»Wozu braucht man einen solchen Rang überhaupt?«, wollte Mojo wissen.
»Damit man nicht jedes Mal erneut kämpfen muss, um etwas durchzusetzen«, sagte seine Mutter. »Dieser Rang ist die Auszeichnung für Siege im Kampf gegen andere.«
»Ich will gar nicht kämpfen«, sagte Mojo. »Und ich will auch nicht siegen. Wenn ich kämpfe, lerne ich nichts außer dem Kampf. Ich will freundschaftlich mit anderen umgehen. Vielleicht lerne ich dann etwas über ihre Welt.«

»Freundschaftlich?« Mojos Mutter klang ein wenig entrüstet. »So kann aus dir niemals ein Chef werden, wie dein Vater einer ist.«
»Das will ich hoffen«, erwiderte Mojo rebellisch. »Ich werde kein Anführer sein, der andere mit Kraft und Willen zu etwas zwingt. Aber ein Anführer werde ich trotzdem.«
Millian sah ihren Sohn nachdenklich an. »Du hattest schon immer einen sehr eigenen Kopf, mein Junge. Von wem du das nur hast.«
Mojo knurrte trotzig. Er sah zu dem Ältesten des Rudels hinüber, Rodney, der alleine im Schatten des mächtigen Baumes vor sich hin döste. Millian folgte dem Blick ihres Sohnes stirnrunzelnd.
»Lass dich nur nicht auf das ein, was der verwirrte Rod erzählt«, warnte sie. »Er ist einfach zu alt, und sein Kopf funktioniert nicht mehr richtig.«
Das klingt gut, dachte Mojo und machte sich auf den Weg zu ihm.

Ein Fragender
ist nie unwissend.

Sprichwort aus Kamerun

Rodney

Unter dem Baum roch es fast unerträglich scharf, aber irgendwie konnte man hier tatsächlich besser atmen. So, als würde eine kühle Brise durch die Nase nicht nur die Lunge frei machen, sondern direkt in den Kopf schießen und die Gedanken klären.

»Rod, die anderen sagen, du bist verrückt«, sagte Mojo zur Begrüßung.

Der alte Löwe saß reglos da und blinzelte.

»Ja, das sagen sie«, murmelte er.

»Stimmt es?«

»Das kannst nur du selbst beurteilen. Verrückt ist man immer in den Augen anderer.«

»Sie sagen, du lebst in einer Traumwelt«, sagte Mojo.

»Jeder lebt in seiner Welt«, knurrte Rod.

»Wie ist deine? Was an ihr ist anders?«

»Sie ist größer, mein Junge, sehr viel größer.«

Rod hob langsam den Kopf. Sein Fell war an manchen Stellen schütter und fleckig, und sein Blick wirkte wie von einem Schleier überzogen.

»Wie kann das sein?«, fragte Mojo. »Du bewohnst die kleinste Ecke im Gehege.«

»Aber ich wurde als Einziger in unserem Rudel nicht im Gehege geboren, sondern in Freiheit«, sagte Rod.

»In Freiheit?«, fragte Mojo aufgeregt. »Es gibt sie also wirklich?«

Der Alte nickte kaum merklich und wies mit dem Kinn in Richtung der weißen Mauer. »Sie liegt dort draußen, wo du nicht hinsehen kannst.«

»Was meinst du damit?«, fragte Mojo verständnislos.

»Ich sehe doch alles um mich herum.«
»Hast du dich schon jemals gefragt, was hinter den Gehegen der Gnus, Antilopen, Elefanten und Nashörner liegt? Jenseits der großen Mauer?«
»Hinter der weißen Mauer geht es also doch weiter«, murmelte Mojo.
Der Alte nickte.
»Gleich dahinter beginnt die Freiheit«, brummte er.
Mojos Augen wurden groß, und sein Herz schlug schneller.
»Wie ist es dort?«, fragte er. »Bekommt man mehr zu essen? Vertreibt einen niemand mit Schellen aus dem Löwenhaus, wenn es regnet?«
Rodney zögerte einen Augenblick.

»Nun, es ist auf jeden Fall ganz anders als hier«, sagte er dann. »Niemand bringt dir dein Essen. Du musst dich selbst darum kümmern. Und man muss weit laufen. Es gibt auch kein Löwenhaus. Man ist immer draußen, bei Tag und Nacht, bei Sonne und Regen.«

»Das soll die Freiheit sein?«, sagte Mojo. »Das klingt nicht gerade so, als wäre es besser als hier.«

Der alte Löwe sah zu einer weißen Wolke empor, deren Form an einen Elefanten erinnerte. Mojo folgte seinem Blick. Ein großer dunkler Vogel segelte lautlos vorüber.

»Freiheit ist ein Gefühl«, sagte der alte Löwe. »Deshalb muss man sie auch selbst erfahren. Ich kann es dir nicht besser beschreiben, aber es ist so herrlich, dass jedes Wesen es einmal erlebt haben sollte.«

»Herrlicher als sich mit den anderen herumzubalgen?«

Der Alte nickte.

»Schöner als sich satt zu fressen und danach zu schlafen?«

»Viel schöner, mein Junge.«

Mojo sah, wie der Vogel hinter dem Baumwipfel verschwand.

»Ich will dieses Gefühl erleben«, sagte er. »Wie kann ich das schaffen?«

Der alte Löwe starrte Mojo mit trüben Augen an und schüttelte kaum merklich den Kopf.

»Es ist leider unmöglich.«

»Das kann nicht sein«, widersprach Mojo aufgebracht. »Du warst doch dort, in der Freiheit. Wenn du hier hereingekommen bist, muss es auch einen Weg zurück geben!«

»Ich kenne nur einen Weg, aber der ist uns für immer verwehrt.«

Der Alte deutete mit der Nase nach oben, in Richtung der Elefantenwolke.
»Man müsste fliegen können, um hier herauszukommen.«
»Vielleicht kann ich es von den Vögeln lernen«, meinte Mojo hoffnungsvoll.
»Schlag dir das aus dem Kopf«, brummte der Alte. »Es gibt nichts, was ein Löwe von einem Vogel lernen könnte. Vögel sind dumm, so wie all die anderen Tiere, die du um unser Gehege herum sehen kannst.«
»Wenn sie dumm sind, warum leben die Vögel dann in Freiheit und wir nicht?«, fragte Mojo.
Der Alte seufzte.
»Frag nicht so viel. Ich bin jetzt müde.«
Ein tiefes Knurren zeigte an, das er seine Ruhe wollte. Doch als Mojo sich abgewandt hatte, um ihn zu verlassen, rief Rodney ihm hinterher.
»He, junger Heißsporn!«
Mojo sah über die Schulter zurück. »Ja?«
»Lass dich niemals durch andere von deinen Träumen abbringen. Niemals, hörst du? Auch nicht von mir.«

Die zwei Löwenarten

Mojos Welt war aus den Fugen geraten. Seit alle wussten, was seine künftige Aufgabe im Rudel sein würde, hatte er alle seine Freunde verloren, und es blieb nichts mehr, woran er sich festhalten konnte.

Zwar gab es die Stunden mit seinem Vater, der ihn in die Führung des Rudels einweihen wollte, doch so sehr sich Mojo auch bemühte, das war kein Halt, an den er glauben konnte.

»Ich fühle mich einsam«, sagte er zu seinem Vater. »Ich weiß nicht, wo ich hingehöre.«

»Wenn man eine neue Aufgabe bekommt, verändern sich immer auch die Beziehungen«, sagte Chaka. »Das ist ein Naturgesetz.«

»Aber ich bin noch immer derselbe wie früher«, sagte Mojo.

»Nein«, sagte sein Vater und nickte Mojos Mutter zu. »Bisher warst du einer von ihnen. Ab jetzt bist du einer von uns.«

»Was bedeutet das?« Mojos Stimme klang verzweifelt. »Ich war doch schon immer euer Sohn.«

»Mein lieber Junge, die Welt besteht aus zwei Arten von Löwen«, sagte Mojos Mutter. »Löwen, die führen. Und Löwen, die folgen. Du gehörst nun zu den Löwen, die führen.«

»Ich will das nicht«, sagte Mojo. »Ich möchte, dass es wieder so ist wie bisher.«

»Sobald sich eine Gruppe eine bestimmte Meinung über dich gebildet hat, ist es zu spät«, erklärte Mojos Mutter. »In ihren Augen wirst du nie wieder einer der ihren sein.«

»Nimm deine Aufgabe lieber an«, sagte Mojos Vater. »Du hast noch ein langes Leben vor dir, und es hätte dich schlechter treffen können.«

Mojo spürte, wie die Gedanken in seinem Kopf sich zu drehen begannen. Noch nie hatte er sich so verloren gefühlt. Lustlos trottete er zu dem großen Baum. Vielleicht würden die Düfte seinem Kopf guttun und seine Gedanken etwas klären.

Das Herz eines Löwen

Mojo ließ sich neben dem alten Rod nieder.
»Ich kann das alles nicht«, sagte er. »Und ich werde es auch niemals lernen.«
»Was ist so schwer daran, es deinem Vater einfach nachzumachen?«, fragte Rod.
»Es ist nicht schwer, ihn nachzuahmen«, sagte Mojo. »Aber es ist schwer, dabei ich selbst zu sein.«
»Warum belässt du es dann nicht dabei, ihn zu imitieren? Es würde dir ein friedliches und sicheres Leben verschaffen.«
»Ich weiß es nicht«, sagte Mojo. »Da ist etwas in mir, das mich nicht lässt.«
Der Alte lächelte.
»Es ist deine Löwenseele.«
»Davon habe ich noch nie gehört«, sagte Mojo.
Der alte Rod nickte.
»Weil es ein Teil des großen Geheimnisses ist. Die Löwenseele ist das, was Löwen erst wirklich zu Löwen macht. Sie trägt die Sehnsucht nach Freiheit in sich.«
»Ist eine solche Seele in jedem von uns?«, fragte Mojo und warf einen Blick auf seine im Schatten liegenden Artgenossen.
»In jedem.« Rod nickte. »Aber wenn die Umstände es nicht zulassen oder die Hoffnung gestorben ist, vergisst man sie manchmal.«
»Dann ist es das, was mich von den anderen unterscheidet?«, fragte Mojo. »Dass ich meine Löwenseele noch spüre?«
»Ich denke, so ist es«, sagte Rod. »Du unterdrückst sie nicht, sondern gehst ihr nach. Das macht dich anders. Und wer anders ist, lag schon immer abseits des Rudels.«

Mojo scharrte mit einer Pfote im Sand, als könnte er dort eine Lösung finden.
»Aber was soll ich nur tun, wenn die Löwenseele mich nicht in Ruhe lässt?«
»Ich weiß es nicht, Junge«, sagte der alte Rod. »Wie du siehst, habe ich die Frage ja nicht einmal für mich selbst gelöst.«

Die Weisheit,
die im Herzen
eingeschlossen ist,
gleicht dem Licht
in einem Krug.

Sprichwort aus Äthiopien

Die Regeln der Macht

»In unserer letzten Lektion ging es um den Sinn des Lebens«, sagte der Chef, »und dass es deine Aufgabe ist, ihn anderen zu erklären, damit sie dir folgen. Heute geht es um die Macht.«

»Ist die Macht das, was du um deinen Hals trägst?«, fragte Mojo.

Mojos Vater behielt seinen ernsten Tonfall, aber Mojo erkannte an seinen Augen, dass er ein wenig lächelte.

»Die Macht selbst kann niemand sehen«, erwiderte er. »Daher zeigen gute Führer sie nach außen hin mit Symbolen. Genau deshalb sitze ich immer nur auf dem größten Hügel.«

»Man kann etwas besitzen, das niemand sehen kann?«

»Natürlich.«

»Etwas, das gar nicht wirklich existiert?«

»Die Macht existiert so lange, wie es dir gelingt, dass andere daran glauben«, sagte Chaka.

»Dann ist sie ähnlich wie eine Lüge«, sagte Mojo. »Oder wie eine Freiheit, an die niemand mehr glaubt.«

»Mag sein«, sagte sein Vater. »Wenn du gut regieren willst, liegt deine erste und wichtigste Aufgabe darin, die Macht zu behalten, die du übertragen bekommst. Denn eines Tages werde ich zu alt sein, um dich zu schützen. Dann musst du es alleine schaffen.«

»Aber wie kann ich etwas Unsichtbares bewahren?«, fragte Mojo.

»Im Prinzip ist es einfach«, sagte der Chef. »Erstens musst du den anderen sagen, wie sie sich zu verhalten haben und wie nicht. Man nennt es Regeln aufstellen. Zweitens darfst du keine größere Schwäche zeigen, weil dir sonst ein anderer den Platz streitig machen wird. Man nennt das dominieren. Und drittens musst du das Bewährte schützen, denn es schützt die Welt, in der alle gut leben. Das nennt man Sicherheit geben.«

Mojo sah seinen Vater ungläubig an.

»Das ist es?«

»Im Wesentlichen, ja. Es wird dir und allen Mitgliedern des Rudels ein gutes Leben verschaffen.«

»Es klingt, als würde sich damit nichts verändern«, sagte Mojo.

Chaka deutete mit dem Kopf zum großen Graben.

»Was willst du denn ständig verändern?«, fragte er. »Veränderung bringt nichts als einen Haufen Ärger. Alle werden unzufrieden. Sie werden schlecht schlafen. Sie werden sich streiten. Hinterher werden sie noch in den großen Graben fallen und nie wieder zurückkommen. Veränderung muss in sehr kleinen Schritten geschehen. Wenn überhaupt.«

»Das kann ich nur schwer verstehen«, sagte Mojo.

»Das ging mir auch so«, sagte der Chef. »Aber nach einer Weile versteht man es doch.«

Bundi

Mojo hatte in den letzten Tagen kaum Hunger gehabt. Die Sorge darum, dass er auf einem falschen Weg war, lag wie ein Stein in seinem Magen. Als alle wieder einmal beim Essen saßen, zog er sich in den Schatten des mächtigen Baums zurück, um über all die Ansichten seines Vaters nachzudenken, die er in der letzten Zeit gehört hatte. Es fiel ihm sehr schwer zu verstehen, warum man glauben sollte, was man gelehrt bekam, ohne es selbst entdecken und nachprüfen zu dürfen. Doch nach einer Weile ließ Mojo das Grübeln sein, seufzte tief und rollte sich genüsslich auf den Rücken.

In diesem Moment sah er den großen Vogel. Er saß, kaum erkennbar, im Schatten des Stamms in einer Astgabel und blickte zu ihm herunter. Noch niemals hatte Mojo so riesige, gelb leuchtende Augen bei einem Federtier gesehen. Ein wenig wirkten sie wie die Augen einer Raubkatze. Mojo blieb regungslos auf dem Rücken liegen und starrte den Katzenvogel an. Der starrte zurück.

»Hallo Vogel«, knurrte Mojo nach einer Weile leise. Hoffentlich hörte ihn niemand aus dem Rudel, sonst würde man ihn vielleicht ebenso für verrückt erklären wie den alten Rodney.

Der Vogel rührte sich nicht.

»Ich weiß, dass du mich nicht verstehen kannst«, sagte Mojo, »aber mir ist gerade danach, etwas Neues auszuprobieren. Warum also nicht einen Vogel mit Katzenaugen ansprechen?«

»Ich habe keine Katzenaugen. Ich bin eine Eule«, sagte der Vogel plötzlich. Seine Stimme klang krächzend, wie die der meisten großen Vögel.

Mojo fuhr zusammen, rollte sich reflexartig auf den Bauch und spannte alle Muskeln an, bereit zum Sprung.

»He, he, junger Löwe«, beschwichtigte die Eule. »Du wirst doch wohl keine Angst vor einem Vogel haben.«
Es war wie ein Wunder, Mojo konnte jedes Wort ganz deutlich verstehen!
»Ich muss verrückt geworden sein«, sagte er leise zu sich selbst. »Ich bin zu lange mit dem alten Rod zusammen gewesen. Wahrscheinlich überträgt sich die Verrücktheit.«
»Wer ist Rod?«, wollte die Eule wissen.
Mojo starrte misstrauisch nach oben.
»Wieso kannst du meine Sprache verstehen?«, fragte er zurück.
»Weil ich eine Eule bin. Eulen beherrschen fast alle Tiersprachen.«
»Und warum kannst du mir antworten, wenn du doch so dumm bist?«
»Dumm? Wer sagt das?« Im Tonfall der Eule schwang Entrüstung mit.
»Alle«, sagte Mojo.
»Wer ist alle?«
»Rodney, Jamaal, Amari. Alle aus dem Rudel eben«, sagte Mojo.
»Woher weißt du, dass sie recht haben?«, fragte die Eule.
»Sie sind älter und haben mehr Erfahrung. Sie haben mich alles gelehrt, was ich weiß.«
»Aha«, machte die Eule.
Mojo sah sie mit gerunzelter Stirn an. »Was soll dieses ›aha‹ bedeuten?«
»Es bedeutet, dass ich höre, was du sagst.«
»Stimmt es etwa nicht?«, wollte Mojo wissen.

»Natürlich stimmt es, dass sie dich alles gelehrt haben, was sie wissen«, sagte die Eule. »Aber was ist das schon, wenn man in einem Gehege aufwächst und die Welt nicht kennt?«

»Kannst du mir denn mehr erzählen?«, fragte Mojo hoffnungsvoll. »Kennst du vielleicht sogar die Freiheit?«

»Warum willst du das wissen?«

»Ich will es einfach.«

»Es könnte dich unzufrieden machen.«

»Den Spruch kenne ich«, meinte Mojo. »Und unzufrieden bin ich sowieso schon. Ich glaube zum Beispiel nicht, dass der Sinn des Lebens darin besteht, jeden Tag dasselbe zu tun, nur weil alle es so machen.«

»Uhh«, machte die Eule. »Wenn das so ist, bin ich sogar sicher, dass es dich unzufrieden machen wird.«

»Egal«, sagte Mojo. »Berichte mir von der Freiheit da draußen.«

Die Eule flatterte auf den untersten Ast des Baumes, so dass sie nur etwa zwei Löwenlängen über Mojo saß. Dann begann sie zu erzählen. Von der Savanne. Von feuerroten Sonnenuntergängen am Horizont. Von riesigen, durch die endlose Weite ziehenden Tierherden. Von den Geräuschen, die der Wind machte, wenn er durch die Gräser und die Äste der Bäume streifte. Von Vogelschwärmen, die so mächtig waren, dass sie den Himmel verdunkelten. Und von Fledermausschwärmen, die den halben Mond verdeckten. Die Eule erzählte von Lebewesen und Orten, die Mojo sich kaum vorstellen konnte. Vor allem aber berichtete sie von einer Welt ohne Mauern, Zäune und Gräben.

»Du meinst, man kann dort jederzeit gehen, wohin man

will?«, fragte Mojo ungläubig, nachdem der alte Vogel seinen Bericht beendet hatte.
»Jederzeit.«
»Alle Tiere?«
»Alle.«
Mojo starrte verträumt vor sich hin. »Dann könnte ich Zebras, Gazellen und Antilopen besuchen und mich mit ihnen unterhalten, so wie jetzt mit dir.«
Die Eule räusperte sich. »Das wäre vielleicht nicht ganz so einfach.«
»Warum?«
»Weil die Löwen in Freiheit die Zebras, Gazellen und Antilopen fressen. Deshalb sprechen sie auch nicht miteinander.«
»Wenn ich in Freiheit wäre, würde ich es tun.«
»Sie fressen?«

»Nein, natürlich nicht. Ich fresse doch keine Tiere«, erklärte Mojo entrüstet.
»Soso«, sagte die Eule. »Nun, auf jeden Fall würden sie vor dir davonlaufen.«
»Ich würde ihnen sagen, dass sie keine Angst zu haben brauchen.«
»Sie würden dir kein Wort glauben.«
»Warum nicht? Ich lüge nie.«
»Du bist ein Löwe. Niemand traut Löwen.«
»Dann wäre ich eben der erste«, sagte Mojo. »Was meinst du, wie überrascht all die Tiere wären, wenn sie feststellten, dass ich anders bin.«
»Das wären sie bestimmt«, sagte die Eule mit einem Seufzer.
Mojo stand auf und sah sie herausfordernd an. »Zeig mir, wie ich in die Freiheit komme!«
Die Eule blinzelte irritiert. Dabei blinkten ihre Augen wie aus- und wieder angehende Parklaternen.
»Du willst wirklich hier raus, oder?«, fragte sie.
»Ja«, sagte Mojo.
»Vergiss es.«
»Nein. Hilf mir dabei.«
Die Eule lachte verlegen. »Ein Vogel soll einem Löwen helfen, aus einem Zoo zu fliehen? Wie stellst du dir das vor?«
Mojo sah einen Augenblick nachdenklich zu Boden. Dabei scharrte er mit der rechten Tatze über ein Grasbüschel.
»Wie soll ich das wissen, wenn ich die Freiheit nie gesehen habe?«
Plötzlich blitzten seine Augen. »Könntest du mir vielleicht das Fliegen beibringen?«

Die Eule sah ihn kopfschüttelnd an.
»Niemals. Eher bleibt die Sonne am Himmel stehen, als dass ein Löwe fliegen lernt. Nein, wenn du wirklich hier raus willst, müssen wir uns etwas anderes einfallen lassen.«
»Wir? Dann hilfst du mir also?«
Mojo sah die alte Eule erwartungsvoll an. Diese saß lange Zeit regungslos mit geschlossenen Augen da. Nur mühsam konnte Mojo seine Ungeduld zügeln. Irgendwann öffnete sie die Augen, reckte ihre Flügel und plusterte ihr Gefieder auf.
»Vielleicht hast du gar nicht so Unrecht mit deiner Idee«, sagte sie. »Wenn es überhaupt eine Chance gibt, hier herauszukommen, dann muss es ein Weg sein, den niemand zuvor beschritten hat.«
»Wie meinst du das?«, fragte Mojo.
»Kein gewöhnlicher Löwe wird es jemals schaffen, den Sicherheitsgraben um euer Gehege zu überspringen«, sagte die Eule. »Es kann dir nur gelingen, wenn du im Augenblick des Sprungs kein Löwe mehr bist, sondern ein Vogel.«
»Wie soll ich das machen?«
»Du musst denken wie ein Vogel, fühlen wie ein Vogel und handeln wie ein Vogel. Dann bist du auch ein Vogel«, erklärte die Eule.
»Aber ich sehe doch ganz anders aus. Und ich habe keine Flügel.«
»Vielleicht lässt sich da etwas machen«, sagte die Eule.
Mojo schüttelte seine Mähne, als könnte er damit die verwirrenden Gedanken in seinem Kopf loswerden.
Die Eule nickte verständnisvoll.
»Das bringt dich durcheinander, nicht wahr?«, sagte sie.

»Unsere größten Hindernisse sind unsere Überzeugungen. Erweitere deine Vorstellungen und du erweiterst deine Grenzen. Wenn du den Traum eines Vogels lebst, wirst du den Graben überwinden können.«

»Ich weiß nicht, ob ich das verstehe«, sagte Mojo. »Aber wenn es meine einzige Chance auf Freiheit ist, will ich es versuchen. Was soll ich tun?«

Die Eule hüpfte aus dem Schatten der Astgabel hervor. Die beiden Federbüschel an den Seiten ihres Kopfes sahen aus wie spitze Ohren.

Irgendwie ist sie doch eine Art Löwe, dachte Mojo.

Die Eule blickte jetzt fast senkrecht auf den jungen Löwen herunter.

»Überlege eine Nacht lang, ob du es wirklich willst«, sagte sie. »Selbst wenn du alles andere in deinem Leben dafür opfern müsstest. Und komm morgen wieder.«

Mojo nickte, stand auf und ging in Richtung Löwenhaus. Doch dann drehte er sich noch einmal um.

»Wie heißt du eigentlich?«, fragte er.

»Bundi«, sagt die Eule.

»Schön«, sagte Mojo. »Das klingt wie der Name eines Freundes.«

Die erste Lektion

Die Nacht hatte Mojo in seinem Entschluss nur bestärkt.
»Bundi, ich habe nachgedacht«, sagte er am nächsten Morgen. »Ich will es. Auch wenn ich alles dafür hergeben müsste.«
Die Eule nickte.
»Dann fangen wir an«, sagte sie. »In deinem Leben gibt es vier Freunde und drei Feinde. Nutze die Freunde und halte die Feinde fern.«
Mojo sah über seine Schulter in Richtung des Löwenhauses.
»Ich ahne schon, wen du meinst«, sagte er.
»Dort drüben sind sie nicht«, sagte Bundi. »Sie wohnen alle in dir selbst. Deine Freunde sind Sehnsucht, Klarheit, Kraft und Vertrauen. Deine Feinde sind Zweifel, Angst und Ungeduld.«
»Und die anderen Löwen, die mich abhalten wollen?«, fragte Mojo.
»Sie sind ohne Bedeutung, wenn du in dir selbst alles gelöst hast«, sagte Bundi. »Ich sagte dir, dass du bereit sein musst, etwas loszulassen. Also löse als Erstes deinen Blick von ihnen.«
»In Ordnung«, sagte Mojo. »Fangen wir an.«
»Deine Sehnsucht ist der wichtigste Freund in dir«, erklärte die Eule. »Ohne sie wird kein Traum sich erfüllen. Sprich sie aus.«
»Ich will ein Leben ohne Mauern in einer Welt, in der ich sehen kann, wie die Sonne den Horizont berührt, zusammen mit Tieren, die so denken wie ich«, sagte Mojo.
Er hatte das Gefühl, dass sich die Augen der Eule zu einem kleinen Lächeln verzogen.
»Dein nächster Freund ist die Klarheit«, fuhr Bundi fort. »Sie lenkt deine Sehnsucht auf ein bestimmtes Ziel. Wie heisst es?«

Mojo dachte einen Moment nach.
»Dass ich über den Graben will?«, sagte er dann vorsichtig.
Die Eule rührte sich nicht, sie starrte ihn nur an.
»Mein Ziel ist, dass ich über den Graben springen will!«, wiederholte Mojo in kräftigem Tonfall. »Und über die Außenmauer!«
Bundi nickte.
»Als Nächstes kommt das Vertrauen. Es ist dein Schutzschild auf dem Weg. Spürst du es?«
Mojo fuhr sich nachdenklich mit einer Pfote über die Nase.
»Ich weiß nicht, ob es ausreicht.«
»Das macht noch nichts«, sagte die Eule. »Vertrauen wächst mit den Möglichkeiten, die du dir schaffst. Und nun fangen wir an.«
Bundi machte ihre Augen ganz klein und blickte nach oben.
»Was siehst du?«, fragte sie.
Mojo folgte ihrem Blick.
»Vögel«, sagte er.
»Ab jetzt wirst du dir nicht mehr vorstellen, wohin sie fliegen, sondern wie sie fliegen. Du wirst fühlen, wie sie sich fühlen, wenn sie sich dort oben bewegen. Nimm dir Zeit. Fliege in deinen Gedanken mit ihnen, so lange, bis du glaubst, selbst ein Vogel zu sein.«
»Woran erkenne ich, dass mein Gefühl stark genug ist?«, fragte Mojo.

»Daran, dass du jederzeit abrufen kannst, wie es sich anfühlt zu fliegen«, sagte Bundi. »Dann bist du in deinem Kopf kein Löwe mehr, sondern ein Vogel.«
»Und wie lange wird das dauern?«
Bundi schüttelte kurz den Kopf und plusterte dabei kurz ihre Federn auf.
»Es wird umso schneller gehen, je weniger du auf die Zeit achtest«, sagte sie. »Sei ein Vogel, viele Male am Tag. Stell es dir vor, wenn du einschläfst. Tauche darin ein, wenn du aufwachst. Nutze die Phase zwischen Schlaf und Aufwachen, sie ist die beste Zeit für deine Sehnsüchte.«
»Ist das alles, was ich tun kann? Nur den Vögeln zusehen und träumen?«
»Nein«, sagte die Eule. »Deine Welt verändert sich nur durch das Zusammenspiel deiner Träume mit deinem Handeln. Deshalb musst du auch üben, was du vorhast.«
»Fliegen?«
»Springen, als wäre es Fliegen.«
»Wie soll ich das anstellen?«
»Du könntest die Entfernung über den Graben schätzen, sie dann im Sand markieren und den Sprung üben«, schlug Bundi vor.
»Niemand hier springt«, wehrte Mojo ab. »Die anderen werden mich für verrückt halten.«
»Möglicherweise«, sagte Bundi.
Mojo dachte nach.
»Und die Mauer?«, fragte er. »Woher soll ich wissen, wie hoch sie ist? Wie soll ich üben, darüber zu springen?«
Die Eule blickte zum Antilopengehege, hinter dem ein Stück

der weißen Mauer zu sehen war, die den gesamten Tierpark umgab.
»Ich könnte hinüberfliegen und sie für dich ausmessen. Vielleicht befindet sich ein Ast dieses Baumes hier in derselben Höhe.«
»Das würdest du für mich tun?«, fragte Mojo.
»Nichts ist wertvoller als ein eigener Traum«, sagte Bundi. »Natürlich werde ich es tun.«
»Danke«, sagte Mojo. »Ich glaube, ich gehe jetzt besser zu den anderen zurück. Sie sehen schon so merkwürdig zu uns herüber.« Er stand auf und machte sich auf den Weg.
»Junger Löwe?«
Mojo hielt inne und blickte zur Eule zurück. »Ja?«
»Wenn du wirklich deine Freiheit suchst, dann hör nicht auf die anderen.«
»Keine Sorge«, entgegnete Mojo. »Das hat mir schon einmal jemand gesagt.«
Dann drehte er sich um und ging zurück zu seinem Rudel.

Die Schildkröte sagt:
»Arbeit, die begonnen wurde,
ist schon so gut wie fertig.«

Sprichwort aus Nigeria

Mojo begann zu üben. Zuerst heimlich, hinter dem Löwenhaus, wenn die anderen in der Mittagshitze dösten. Er suchte sich einen Stein als Fixpunkt, auf dem er absprang, und achtete darauf, wie weit er kam. Schon nach wenigen Tagen schaffte er es immer wieder ein kleines Stück weiter. Doch nach den anfänglichen Erfolgen blieben die weiteren Fortschritte entmutigend gering. Zweifel kamen in Mojo auf. War dies wirklich der richtige Weg, um es hier heraus zu schaffen? War es überhaupt richtig, was er vorhatte? Zu gerne hätte er sich von der alten Eule Rat geholt, aber sie war seit ihrem letzten Gespräch verschwunden.
›Wenn du es einmal wirklich beschlossen hast, denk nicht mehr nach, warum. Tu es einfach‹, vernahm er ihre Stimme in seinem Kopf.
Trotz seiner Bedenken schaffte es Mojo, seine Zweifel beiseitezuschieben und jeden Tag weiter zu üben. Und dann, endlich, nach drei langen Wochen, sah er die Eule wieder auf dem Baum sitzen. Er schlich hinüber zu ihr und setzte sich in den Schatten nahe des mächtigen Stamms.
»Bundi, ich habe so viel geübt, aber ich werde wohl niemals über diesen Graben fliegen können«, sagte Mojo.
»Sei nicht so ungeduldig«, sagte die Eule. »Du hast den ersten Schritt getan und mit den Übungen angefangen. Jetzt musst du leichter werden, schneller und kräftiger. Aber vor allem musst du eins werden.«
»Was meinst du damit?«
»Du musst eins werden mit der Vorstellung, dass du wie im Traum über Gräben und Mauern gleitest. Bis zum Rand des Grabens rennst du wie der schnellste Löwe der Welt. Ab dem

Rand des Grabens fliegst du hoch wie der höchste aller Vögel am Himmel. Im Geist musst du schon frei und hinter allen Mauern sein, ehe du abspringst.«

Mojo sah die Eule zweifelnd an.

»Ich kann weniger essen, um leichter zu werden«, sagte er. »Ich kann viel laufen und springen, um schneller und kräftiger zu werden. Aber wie soll ich lernen, vogelgleich zu schweben?«

»Du musst die ständige Frage nach dem Wie hinter dir lassen«, sagte Bundi. »Tu es einfach. Fühle es, während du das Springen übst.«

Mojo entschloss sich, der alten Eule zu sagen, was ihn bewegte.

»Ich habe Angst, dass ich es nicht schaffen könnte«, sagte er. »Diese Angst ist wie ein schweres Gewicht, das mich daran hindert, weiter zu springen. Irgendwie habe ich keine rechte Freude mehr an meiner Idee mit der Freiheit. Vielleicht sollte ich besser tun, was mein Vater sagt, und Rudelführer werden.«

Bundi seufzte.

»Unterwirfst du dich der Angst, dann beherrscht dich die Welt«, sagte sie. »Bist du aber zuversichtlich, erschaffst du deine Welt selbst. Du hast die Wahl.«

»Du meinst wirklich, wenn ich fühle, wie ich über den Graben fliege, wird es mir auch tatsächlich gelingen?«

Bundi nickte.

»Wenn dein Gefühl stark genug ist, wird dein Traum wahr.«

»Was kann ich tun, um es stärker zu machen?«, fragte Mojo.

»Träum noch mehr davon«, sagte Bundi. »Tagsüber, wann

immer du Zeit hast. Nimm dir abends, ehe du einschläfst, fest vor, dass du davon träumen willst, ein Vogel zu sein.«

»Ich kann doch nicht bestimmen, was ich träumen werde«, wandte Mojo ein.

Die alte Eule schien ein ganz klein wenig zu lächeln, obwohl das mit einem Eulenschnabel natürlich unmöglich war. Vielleicht hatte sich nur etwas in ihren Augen verändert.

»Hast du es denn schon versucht?«

»Nein«, gab Mojo zu.

»Dann versuche es ab jetzt. Vertraue darauf, es wird funktionieren. Vielleicht schon in der ersten Nacht, vielleicht erst etwas später. Du wirst dich an jeden deiner Träume erinnern, und mit dieser Erinnerung wird das Gefühl in dir geweckt werden, das du für deinen Plan brauchst.«

Bundi plusterte sich kurz auf und breitete dann die Flügel aus.

»Und nun überlasse ich dich deiner Vision.«

*Schnelles Laufen
ist keine Garantie,
das Ziel zu erreichen.*

Sprichwort aus Simbabwe

Fantasie

In den folgenden Nächten stellte sich Mojo vor dem Einschlafen vor, dass er im Traum fliegen könnte. Die ersten Nächte bewirkte diese Vorstellung nichts, doch schon in der fünften Nacht träumte er so intensiv und bewusst wie selten zuvor. Zwar hatten die Träume noch nichts mit dem vogelgleichen Dahinfliegen zu tun, aber immerhin konnte er sich am nächsten Morgen erinnern, was er geträumt hatte. Wieder einige Tage später hatte er den ersten richtigen Traum vom Fliegen und zwei Tage darauf den zweiten. In seinem dritten Traum konnte Mojo bereits bestimmen, was er tun wollte. Also nahm er sich vor, über den Graben zu fliegen. Es gelang ihm auf Anhieb, obwohl ihn die dunkle Tiefe auf magische Weise nach unten zu ziehen versuchte.

Wiederum vier Tage später flog Mojo erneut über den Graben und glitt lautlos weiter bis zur weißen Mauer. Er zog seinen Kopf nach hinten und spreizte die Schwungfedern nach unten. Sein Traumvogelkörper zog mühelos nach oben und glitt über die Barriere.

In den folgenden Wochen trainierte Mojo seinen Weitsprung hinter dem Löwenhaus und zusätzlich den Hochsprung zum dritten Ast des alten Baumes, den die Eule für ihn als Höhe der Mauerkante abgemessen hatte. Mojo hatte ihn »Freiheitsast« getauft.

Zur Freude seiner Brüder fraß er nur noch die Hälfte seiner üblichen Portion. Seine Mutter machte sich Sorgen um seine Gesundheit, doch statt schwächlich oder gar krank zu werden, wurde Mojo immer leichter, schneller und kräftiger. Für den Weitsprung hatte Mojo eine besondere Technik entwickelt: Von seiner Absprunglinie aus ging er einundzwanzig

Schritte zurück. Bei dieser Anlaufstrecke traf er in vier von fünf Fällen beim Absprung mit seinen Hinterpfoten genau die markierte Line.
Zunächst begegneten ihm die anderen im Rudel mit Verwunderung und Misstrauen, die schließlich in Spott und bewusstes Ignorieren übergingen. Mojo litt darunter, denn er liebte die meisten Mitglieder seines Rudels. Dennoch sagte er sich immer wieder, dass er ihnen nicht schadete, nur weil er selbst ein anderes Leben führen wollte.
Mehrmals am Tag ging Mojo zu dem alten Baum, um nach der Eule zu sehen, doch sie blieb verschwunden. Anfangs war er enttäuscht darüber und fühlte sich hilflos ohne ihren Rat, doch bald wuchs in ihm die Überzeugung, dass er es auch alleine schaffen würde.
Nach drei weiteren Wochen fühlte er sich in seinen Gedanken so klar und in seinem Körper so stark wie nie zuvor. Er war gerade dabei, ein paar Sprünge auf den Freiheitsast zu üben, als er die Stimme der Eule wieder über sich hörte.
»Wie geht es dir, junger Löwe?«
»Ich bin geflogen«, sagte Mojo, als würden sie einfach nur ein soeben begonnenes Gespräch fortsetzen. »In meinen Träumen. Ganz oft.«

Die Eule nickte, und Mojo glaubte in ihren Augen ein freudiges Licht aufblitzen zu sehen.
»Wie war es?«, fragte Bundi.
»Meine Beine waren wie Flügel, meine Tatzen breit wie federgefächerte Schwingen«, berichtete Mojo aufgeregt und nicht ohne Stolz. »Meine Nase spürte den Wind, dem ich entgegenschoss. Ich brauchte nichts anderes zu tun, als mit weit gespreizten Flügeln dahinzusegeln. Ich sah alles von oben. Unser Löwenhaus, den Tierpark, die Savanne, die am Horizont beginnt. Alles war, wie du es mir erzählt hast. Endlose Weite in alle Richtungen. So viele Tierherden. Und Wasser! Runde, ovale, schmale und lange Wasserläufe, deren Form man nicht beschreiben kann. Ich sah Bäume, von denen jeder einzelne größer war als der Affenbrotbaum im Gehege der Gnus. Auf einmal flog ich an der Seite anderer Vögel. So viele! Sie beachteten mich nicht, sprachen nicht mit mir, aber dennoch wussten alle, dass ich da bin. Es schien, als wäre ich Teil eines großen Ganzen.«
Mojo blickte mit glänzenden Augen in den Himmel.
»Wenn ich noch ein paar Wochen weiter übe und noch etwas kräftiger werde, kann ich es vielleicht wirklich schaffen, dorthin zu kommen.«
Beide schwiegen eine Weile. Dann sagte die Eule: »Diese Zeit hast du nicht mehr. Du musst noch heute eine Entscheidung treffen.«
Mojo spürte einen Stich in seinem Herzen.
»Heute?«, fragte er.
Die Eule nickte, dann drehte sie ihren Kopf fast ganz nach hinten und wieder zurück.

»Siehst du das dort drüben?«, sagte sie.
Mojo folgte ihrem Blick.
»Sie schlagen Stöcke in den Boden«, sagte er. »Was soll das bedeuten?«
»Man nennt es einen Zaun«, sagte Bundi. »Sie bauen ihn um euer Gehege herum.«
»Wozu soll das gut sein? Kein Löwe ist jemals ausgebrochen.«
»Man sagt, ein Kind sei in den Graben um das Nashorngehege gefallen«, sagte Bundi. »Deshalb sichern sie nun jeden Graben zusätzlich mit einem Zaun.«
»Das ist nicht gut«, sagte Mojo.
»Nein«, sagte die Eule. »Selbst wenn du es über den Graben schaffst, wirst du am Zaun scheitern, der dann direkt dahinter steht. Kein Lebewesen kann Zaun und Graben zusammen überspringen.«
»Dann werde ich für immer hierbleiben müssen«, sagte Mojo.
Die Eule verengte ihre Augen zu schmalen Schlitzen.
»Außer du entkommst noch heute Nacht«, sagte sie.

Selig sind diejenigen, die sich freuen können.

Sprichwort aus Südafrika

Der letzte Abend

»Ich weiß, dass du heute gehst«, sagte der alte Rod. Seine Stimme klang brüchig wie trockene Baumrinde unter jungen Löwenpfoten.

»Ich habe niemandem etwas gesagt«, flüsterte Mojo. »Keiner weiß davon.«

»Wer wirklich Augen hat, um zu sehen, der sieht. Ich habe dich beobachtet und alles zusammengefügt«, sagte Rod. »Wirst du es deinen Eltern sagen?«

»Wenn ich es jemandem erzähle, werden sie mich festhalten, bis der Zaun gebaut ist«, flüsterte Mojo. »Und dann ist es für immer vorbei.«

Er sah den alten Löwen an und fragte sich, ob er schon immer so müde und zerzaust gewirkt hatte wie jetzt gerade.

»Wirst du mich verraten?«

»Nein«, sagte Rod. »Aber ich gebe dir einen Rat mit. Nicht um dich zu belehren, sondern weil die freie Wildbahn anders ist, als du sie dir jetzt vielleicht vorstellst.«

Mojo legte sich vor Rod auf den Boden, als Zeichen für seine ungeteilte Aufmerksamkeit.

»Du musst wissen, dass sie dich da draußen prüfen werden«, sagte Rod. »Noch glaubst du, alle heißen dich willkommen. Aber du wirst erleben, dass es anders abläuft.«

»Warum?«

»Weil dort sehr viele sind«, sagte Rod. »Und jeder will sein eigenes Leben leben. Sie werden dich prüfen. Sie werden dich angreifen. Und kein Graben wird dich schützen. Erst wenn sie mit all dem keinen Erfolg haben, werden sie dich respektieren. Und nur wenn du eine Vision hast, werden sie dich eines Tages verehren. Also gib deine Vision nie auf.«

»Danke«, sagte Mojo.

»Ich wünsche dir viel Glück«, sagte Rod. »Und nun gehe ich schlafen. Wir haben nie darüber gesprochen, wenn man mich fragt. Ich für meinen Teil habe das alles nur geträumt.«

Vertrauen

Alle schliefen. Das Mondlicht spiegelte sich silbern im Wasser des Tümpels. Mojo schlich auf Samtpfoten zum Rand des Grabens. Vor dem betongemauerten Abgrund blieb er stehen. Aber sein Blick galt nicht der schwarzen Öffnung, sondern dem großen, leuchtenden Himmelsgestirn in der Ferne. Er erinnerte sich ein letztes Mal, dass er eine Welt erleben wollte, in der man dem Mond entgegenlaufen konnte. Eine Welt ohne Gräben und Mauern, ohne Belehrungen und uralte Gewohnheiten. Eine Welt, in der man Grenzen übersprang, statt sie zu setzen.

Seine neue Welt.

Mojo drehte sich auf der Stelle um und entfernte sich Schritt für Schritt vom Graben. Bei einundzwanzig Schritten blieb er stehen.

Einundzwanzig. Seine magische Zahl. Er durfte jetzt nicht zu aufgeregt sein, sonst würde er vielleicht anders laufen als bei seinen Übungen. Wie hatte die Eule ihm einmal gesagt? Für manches hat man nur einen einzigen Versuch.

Mojo atmete tief durch und erinnerte sich an sein Gefühl im Traum als Vogel. Als er es so stark in sich spürte, als gäbe es nichts anderes auf der Welt als Federn, Himmel und Fliegen, hielt er diese Vorstellung in seinen Gedanken fest und lief los. Jede Berührung seiner Pfoten mit dem Boden erinnerte ihn daran, dass er jetzt noch ein Löwe war. Der schnellste Löwe auf der Welt, in dessen Kopf gleichzeitig ein Vogel lebte.

Obwohl er darauf achtete, seine Schritte nicht länger werden zu lassen als bei seinen Übungen, lief er mit so viel Kraft wie noch nie zuvor in seinem Leben.

Der schwarze Graben kam rasend schnell näher. Bei dieser Geschwindigkeit hatte Mojo keine Möglichkeit, den Absprungpunkt zu verändern, er musste sich voll und ganz auf seine Schrittzählung verlassen. Zwölf, dreizehn, vierzehn, … seine Pfoten wirbelten bei jedem Tritt bleiche Staubwolken vom Boden auf. Fünfzehn, sechzehn, siebzehn, … er wurde schneller, immer schneller. Der Luftzug kämmte seine Mähne nach hinten und trug jeden Gedanken und Zweifel mit sich fort.
Plötzlich war der Graben direkt vor ihm. Ohne nachzudenken stieß sich Mojo mit aller Kraft ab, ließ den Löwen hinter sich am Grabenrand stehen und befreite den wartenden Vogel in seinem Kopf.
Die Beine ausgestreckt, als würden sie schon die andere Seite berühren, die Tatzen gespreizt wie die Federn von Vogelschwingen, die Nase im Wind wie ein Adler im Gleitflug, schwebte Mojo lautlos über das Dunkle hinweg. Keinen Moment lang verschwendete er auch nur einen Gedanken an die Tiefe unter sich. Mojos scharfer Vogelblick war nur nach vorne gerichtet, und obwohl der Augenblick in der Luft sich in die Länge zog, wie es eigentlich nur in Träumen möglich ist, kam der äußere Grabenrand rasend schnell näher. Mojos Krallen waren ausgefahren, bereit, in der neuen Welt zu lan-

den, und er spürte den harten Beton des gegenüberliegenden Randes bereits, ehe er ihn wirklich berührte.
Dann, ganz plötzlich, war es vorbei. Mojo saß auf dem Besucherweg. Er atmete schnell, fühlte sich aber nicht erschöpft. Im Gegenteil, ihn durchströmte ein nie zuvor erlebtes Gefühl von glückseliger Stärke. Durch seine Willenskraft, seine Leistung und Ausdauer war er in einer neuen Welt angekommen. Er hatte etwas Unmögliches vollbracht.
Fast.
Mojo warf einen Blick zurück auf das Löwengehege. Wie seltsam seine alte Heimat aus dieser Perspektive aussah. Fast als blickte man durch fremde Augen auf sein eigenes Leben. Erst jetzt fiel ihm auf, wie klein das Revier in Wahrheit war. Wie unvorstellbar es ihm jetzt schon erschien, dort den Rest seines Lebens verbringen zu müssen. Aber er war noch nicht an seinem Ziel. Noch lange nicht.

Reden ist nicht tun.

Sprichwort aus Nigeria

Bedenken

Mojo sah sich um. Der Besucherweg führte in zwei Richtungen. Bundi hatte ihm geraten, nur nach links zu gehen, um die Herden der Antilopen und Zebras nicht aufzuschrecken. Wenn viele Tiere unruhig wurden, würden sie wahrscheinlich die Aufmerksamkeit der Nachtwärter auf sich ziehen, und bald hätte er die menschlichen Verfolger auf den Fersen. Nach links war nicht der direkte Weg zur Mauer, aber der sicherste.

Mojo schlich den Weg entlang in Richtung des Hauses, in dem die Besucher tagsüber aßen und tranken. Vor dem grünen, achteckigen Gebäude warf eine Laterne ihr fahlgelbes Licht als ovalen Fleck auf den Boden. Mojo achtete darauf, im Schatten zu bleiben, während er das Gebäude umrundete. Die Eule hatte berichtet, dass die Mauer direkt hinter dem grünen Haus am besten vor Einblicken geschützt war.

Schon kurz darauf stand er vor der mächtigen weißen Wand, die wie ein unbezwingbares Bollwerk vor ihm aufragte. Selbst wenn er sich, auf den Hinterpfoten stehend, nach oben gereckt hätte, wäre er nur ein Stück über die Hälfte gekommen. Gegen diese Mauer wirkte der Sprung über den Graben wie ein Kinderspiel.

Die Eule hatte von einem breiten Baumstumpf an dieser Stelle berichtet, der als Absprungrampe dienen konnte. Doch nun, da er selbst davor stand, merkte Mojo, dass Eulen die Dinge offensichtlich in anderen Größenordnungen sahen als Löwen. Der Stumpf reichte ihm gerade einmal bis zum Knie und verschaffte, was die erforderliche Sprunghöhe betraf, kaum Vorteile. Auch die Mauerkrone wirkte unter freiem Himmel höher als der Ast des Baumes, an dem Mojo geübt

hatte. Ein Gefühl von Hoffnungslosigkeit keimte in ihm auf. »Tausche Bedenken gegen Vertrauen«, hörte er die Eule in seinen Gedanken sagen. »Allein dein Gefühl bestimmt deine Wirklichkeit.«
Mojo wusste, wenn er jetzt den Zweifeln Raum gab, die ihm erzählen wollten, dass alles vergeblich war, würde er den Sprung nicht schaffen. Wenn er innerlich aufgab, war auch seine Zukunft dort draußen verloren.
Die Mauer war nicht höher als der Ast! Genau genommen war eine Mauer sogar besser als ein Ast, weil man sich an ihr mit den Hinterbeinen abstoßen und nach oben drücken konnte. Eine Mauer war sehr gut! Außerdem stellten Mauern für Vögel ohnehin keine Hindernisse dar.
Dieses Mal nahm Mojo nur einen kurzen Anlauf. Es kam jetzt auf die Höhe an, nicht auf die Weite. Er musste seinen Schwung kurz vor der Wand nach oben lenken und sich gleichzeitig mit aller Kraft abstoßen. Einen Schritt vor seinem Hindernis reckte er sich aufwärts, gleich einem Vogel, der der Sonne entgegenfliegt. Seine Vorderbeine wurden noch einmal zu Flügeln. Leicht und unbeschwert schwebte er in Gedanken bereits über die Mauer, als wäre sie nur zur Erprobung seiner Flugkünste da.

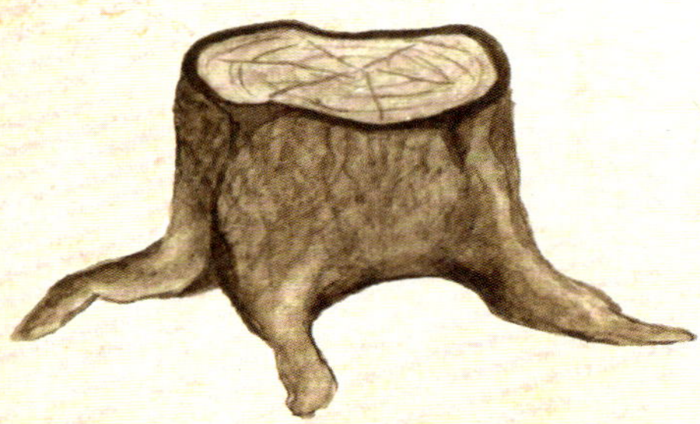

Plötzlich spürte Mojo den Vorsprung am oberen Mauerabschluss unter seinen Tatzen. Instinktiv krallte er sich mit den Hinterpfoten an der Wand fest und schob sich mit aller Kraft nach oben. In diesem Moment war er kein Vogel mehr, sondern wieder ein gut trainierter junger Löwe.

Ein paar Bewegungen später stand Mojo mit allen vieren auf der Mauer. Für einen Augenblick balancierte er auf der Grenze zwischen Gefangenschaft und Freiheit, als suchte er die Entscheidung zwischen zwei Leben.

»Wenn du jetzt nach draußen springst, gibt es keinen Weg zurück«, krächzte jemand neben ihm.

Mojo zuckte zusammen.

»Bundi?«

»Ich bin hier«, sagte die Eule. Sie saß hinter Mojo, ein Stück von ihm entfernt, auf der Mauer. »Und du kannst nie mehr zurückkommen.«

»Warum sagst du das?«, fragte Mojo.

»Die Menschen in den Dörfern betrachten einen frei herumlaufenden Löwen als Gefahr«, sagte Bundi. »Auch wenn er gerade auf dem Rückweg zum Zoo wäre. Sie würden dich jagen und versuchen, dich zu töten. Das werden sie wahrscheinlich ohnehin tun. Also musst du noch heute Nacht so weit laufen, wie du nur kannst, und darfst niemals an Rückkehr denken. Oder du kehrst jetzt um und bleibst in Sicherheit, hinter dieser Mauer.«

»Danke für deinen Rat, liebe Eule«, sagte Mojo.

Dann entschied er sich für seinen Traum und machte einen weiten Satz auf die andere Seite.

Der neue Weg

Mojo lief in Richtung des Mondes, wie es ihm die Eule geraten hatte. Sie hatte ihm auch eingeschärft, sich mit der Vorsicht eines Schattens zu bewegen, also achtete er darauf, jedes Licht zu vermeiden. Der Tierpark lag am Rand einer Stadt, und Mojo machte einen großen Bogen um die Häuser, aus deren Fenstern gelbliche Lichtkegel auf die Straßen und Vorgärten fielen. Auf Mojo wirkten sie wie Löwenhäuser, nur dass sie in einem Gehege standen, dessen Grenze niemand sehen konnte.

Nach einer Weile hatte er die letzten Gebäude hinter sich gelassen. In der Ferne sah er die schwarzen Umrisse eines Gebirgszugs, die sich gegen den Nachthimmel abhoben. Bundi hatte ihm geraten, sich an etwas zu orientieren, das aussah wie eine schwarze Mauer, nur mit ungeradem Rand, dann wäre er auf dem richtigen Weg.

Noch nie in seinem Leben war Mojo so viel gelaufen wie in dieser Nacht. Noch nie hatten seine Pfoten so verschiedene Böden gespürt, noch nie hatten seine Nase so verwirrende Gerüche, seine Ohren derart bedrohliche Geräusche wahrgenommen. Nach einiger Zeit begannen seine Schultermuskeln zu schmerzen, und die Tatzen fühlten sich wund an.

Das also war die Freiheit.

Er hielt einen Moment inne, um Kraft zu schöpfen. Dachte an seine Familie, an das geschützte Gehege, an das sichere Essen, wie es war, sich einfach nur schlafen zu legen, mit dem beruhigenden Wissen, was am nächsten Tag auf einen zukam.

Er seufzte einmal tief, dann machte er sich wieder auf den Weg. Ohne ein Hindernis und ohne zu wissen, was ihn erwartete, lief er dem Horizont entgegen. Ein neues, seltsames Gefühl kam in ihm auf, eine Mischung aus Furcht und überschwänglicher Freude.

Während er in der silbrig glänzenden Schattenlandschaft vor sich hin trottete, spürte er immer deutlicher, dass diese Grenzenlosigkeit nur der Anfang war, der Beginn eines Weges zur Erfüllung einer tiefen Sehnsucht. Er wollte mit den anderen Tieren in Frieden und Freundschaft leben. Nicht alleine, nicht in einem Rudel seiner Art und auch nicht hinter Grenzen, sondern wirklich als Teil einer vielfältigen Gemeinschaft. Er wollte nicht nur die Sprachen der anderen verstehen, sondern auch ihre Art zu leben und zu denken. Denn was nützte es, frei zu sein, wenn man nicht ein Teil der Welt um sich herum war? Man wäre wieder eingesperrt, in dem engsten Gefängnis, das es gab: in sich selbst.

Irgendwann legte sich Mojo erschöpft neben einem abgestorbenen Baumstamm auf den Boden und schlief ein. Er bemerkte nicht mehr, wie sich die Eule auf einem abgebrochenen Ast niederließ und ihn lange ansah.

*Ich zeigte dir
den Mond,
und du sahst nichts
als meinen Finger.*

Sprichwort aus Tansania

Das Rudel

Am nächsten Morgen wurde Mojo zum ersten Mal in seinem Löwenleben von den Strahlen der aufgehenden Sonne geweckt. Er lag schläfrig auf der Seite, blinzelte dem gelben Licht am Horizont entgegen, streckte sich ausgiebig und setzte sich dann auf. Erst jetzt entdeckte er die Eule.

»Guten Morgen, junger Löwe. Willkommen in der Freiheit.«

»Bundi!«, rief Mojo. »Ich dachte, du wolltest zurückbleiben.«

»Es hat mich einfach zu sehr interessiert, was meinem ersten wahren Schüler auf der Suche nach seinem Traum widerfährt«, sagte Bundi.

Mojo sah sich um. Keine Mauern, keine Gräben, keine Zäune. Er befand sich inmitten einer endlos scheinenden Savanne. Die Stadt war in der Ferne nur noch zu erahnen. Mojo konnte sich gar nicht erinnern, dass er so weit gelaufen war.

»Werden sie mich suchen?«, fragte er besorgt.

»Natürlich.« Die Eule nickte. »Sie haben große brummende Vögel, von denen aus sie den Boden beobachten, wie ein Adler, der nach einer Maus sucht. Daher ist es wichtig, dass du dich schnell unter die anderen Tiere mischst.«

»Deshalb bin ich hier«, sagte Mojo.

»Unter die anderen Löwen, meine ich damit natürlich«, fügte Bundi schnell hinzu.

Mojos Gesicht verdüsterte sich. »Da komme ich doch gerade her. Nein, ich will endlich Zebras, Elefanten, Giraffen, Gnus, Antilopen und all die anderen Tiere kennenlernen.«

Die Eule schüttelte den Kopf.

»Du musst noch viel lernen, junger Löwe. Niemand wird dich freundlich empfangen. Das ist einer der Nachteile der Freiheit. Alle kämpfen hier um ihren Platz.«

»Aber du selbst hast mich gelehrt, dass ich immer bekomme, was ich nach außen hin zeige. Wenn ich also freundlich, achtsam und an den anderen interessiert bin, werden die anderen Tiere mir genauso begegnen.«
Die Eule seufzte.
»Das hat noch kein Löwe vor dir jemals geschafft.«
»Aus einem Zoo zu entkommen aber auch nicht, oder?«, gab Mojo trotzig zurück.
Die Eule zog überrascht eine ihrer fedrigen Brauen hoch.
Mojo stand auf und reckte sich ausgiebig. Dann machte er sich auf den Weg in Richtung des Berges mit der weißen Kuppe, der in erhabener Schönheit im Morgenlicht strahlte. Die Luft war herrlich klar, der Boden noch kühl unter den Pfoten, und das Grün der Steppenpflanzen leuchtete frisch und kräftig auf seinem Weg.
Nach einer Weile erkannte Mojo in der Ferne eine Herde Tiere, die sich beim Näherkommen als Gazellen herausstellten. Endlich! Hier trennten ihn weder Graben noch Zaun von den anderen. Mit klopfendem Herzen trottete er auf die Herde zu. Das Tier, das am nächsten zu ihm stand, hob den Kopf, lauschte kurz, witterte einen Augenblick.
»Hallo, Gazellen!«, rief Mojo freundlich.
Alle Köpfe fuhren in die Höhe. Für den Moment eines Lidschlages starrten unzählige Augenpaare auf den Ankömmling. Dann stob die ganze Herde wie auf ein stummes Kommando hin davon.
»Hey, nicht weglaufen!«, rief Mojo so laut er konnte, während er den Gazellen hinterherrannte. »Ich will doch nur mit euch sprechen!«

Ein Junges konnte mit der Geschwindigkeit der anderen nicht mithalten und verlor den Anschluss zur Herde. Es strauchelte, fiel hin und schaffte es nicht gleich, sich aufzurichten. Schnell war Mojo bei ihm.

»Hallo, kleine Gazelle. Sag mal, warum …«

Er brach mitten im Satz ab. Das Junge lag am Boden und zitterte wie Espenlaub. Die Herde war inzwischen schon fast außer Sichtweite. Mojo umkreiste das zarte Tier mit langsamen Schritten.

»Warum zitterst du so?«, fragte er.

Das Junge starrte reglos auf den Boden.

»Du verstehst mich nicht, oder? Ich weiß, ihr sprecht die Gazellensprache. Die kennen wir Löwen nicht.«

Noch immer keine Regung.

»Aber ich bin hier, um deine Sprache zu lernen«, erklärte Mojo.

Stille. Zittern. Leises, schnelles Atmen.

Mojo ließ sich vor dem Jungen nieder und sah es an.

»Bringst du mir deine Sprache bei?«

Zum ersten Mal wagte das Junge einen kurzen Blick nach oben.

»Nein«, wisperte es mit einer Stimme, die wie ein Lufthauch zwischen Blättern klang.

»Nein? Warum nicht?«

»Weil wir nur mit einer anderen Stimme, aber nicht eine andere Sprache sprechen als du.«

Jetzt erst bemerkte Mojo, dass das Kitz kaum seine Lippen bewegte.

»Wieso kann ich dich verstehen?«, fragte er.

Die Gazelle sah ihn an. »Was hast du mit mir vor?«

»Nichts. Ich will nur wissen, wie du bist«, sagte Mojo.

»Sonst nichts?«

Mojo schüttelte den Kopf.

»Warum hast du dann meine Familie gejagt?«

»Ich habe niemanden gejagt. Ich bin nur gekommen, um mit euch zu sprechen.«

»Du bist sehr merkwürdig«, stellte das Junge fest.

»Ich weiß«, sagte Mojo.

»Du bist doch ein Löwe, oder?«

»Klar bin ich ein Löwe. Ich heiße Mojo. Und du?«

»Ich bin Gabini und gehöre zu den Gazellen. Warum bist du nicht bei deinem Rudel?«

»Ich will lernen«, sagte Mojo. »Und ich kann nichts Neues erfahren von denen, die selbst keine neuen Erfahrungen machen.«

Gabini hatte sich etwas beruhigt. Ihr Zittern war fast verschwunden. Sie sah Mojo mit großen schwarzen Augen und unverhohlener Neugier an. »Du willst uns also nichts tun?«

Mojo runzelte die Stirn.

»Was sollte ich euch tun wollen?«

»Ich weiß nicht. Jagen vielleicht?«

»Ach so, klar«, sagte Mojo. »Jagen habe ich lange genug gespielt, dort, wo ich herkomme. Jetzt will ich andere Dinge lernen.«

Das Misstrauen der jungen Gazelle schien noch nicht völlig verflogen zu sein. »Wovon lebst du? Was frisst du?«, fragte sie.

Jetzt fiel Mojo auf, dass er seit einiger Zeit nichts mehr zu sich genommen hatte.

»Ich weiß nicht«, sagte er. »Bisher hat man es mir immer gebracht. Was frisst du denn?«
Gabini runzelte die Stirn. »Wir essen das Gras, das hier wächst. Manchmal auch die kleinen Beeren an den Büschen.«
»Gut«, meinte Mojo, der noch keinen Gedanken darauf verschwendet hatte, woher er in der Freiheit seine Nahrung bekommen sollte. »Das esse ich auch.«
»Lässt du mich zurück zu meiner Familie?«, fragte Gabini vorsichtig.
»Warum sollte ich dich daran hindern? Natürlich kannst du gehen, wohin du willst. Du bist doch frei, oder? In Freiheit kann jeder tun und lassen, was er will.«
Das Kitz kam langsam wieder auf die Beine. »Dann werde ich jetzt einfach gehen. In Ordnung?«, fragte es vorsichtig.
»Klar«, sagte Mojo.
»Gut.«
Die Gazelle machte ein paar unsichere Schritte in die Richtung, in der die Herde verschwunden war. Dann blieb sie stehen und sah sich um, machte wieder einige Schritte, um schließlich langsam loszutraben.
»Hey, Gabini«, rief Mojo. »Nimmst du mich mit zu deinen Freunden?«
Das Junge blieb stehen und dachte kurz nach.
»Lieber nicht«, sagte es. »Sie würden dich nicht verstehen.«

Durst

Es war nicht einfach, seinen Durst zu stillen, wenn man nicht wusste, wie man in der offenen Savanne Wasser fand. Zudem knurrte inzwischen auch Mojos Magen, und er hatte keine Ahnung, wo hier der Zaun war, über den das Futter geworfen wurde.

In der Ferne erblickte er eine Staubwolke, die andeutete, dass dort eine Herde vorbeizog. Mojo überlegte, dass um diese Zeit wahrscheinlich viele Tiere Durst hatten und gemeinsam eine Wasserstelle aufsuchten. Er musste also nur der Staubwolke folgen und würde irgendwann die Quelle entdecken.

Also lief er los in Richtung der Herde, achtete aber dieses Mal darauf, den Tieren nicht zu nahe zu kommen, um keine Panik auszulösen. Als die Sonne fast senkrecht am Himmel stand, legte sich die Staubwolke, was Mojo als Zeichen deutete, dass die Tiere nun angehalten hatten. Er schlich vorsichtig näher, und plötzlich erblickte er das Paradies aus seinen Träumen: Ein Teil des kleinen Sees war wie rosa gefärbt von Hunderten im Wasser stehenden Flamingos. Gegenüber

badeten Elefanten mit ihren Jungen, ein Stück weiter eine Nashornfamilie und noch etwas weiter trank gerade eine Zebraherde. Dazu kamen unzählige Tiere, die er noch nie zuvor gesehen hatte, vielleicht weil es sie im Zoo nicht gab oder weil sie außerhalb seines Blickfeldes gewohnt hatten.
Überwältigt von dem Anblick vergaß Mojo fast seinen Durst. Erst nachdem er die neuen Eindrücke in seinem Kopf sortiert hatte, nahm er seinen Weg zum Ufer wieder auf. Einige Tiere stoben davon, andere beäugten ihn aus sicherer Entfernung. Wie schon bei der Begegnung mit den Antilopen fühlte sich Mojo plötzlich wieder wie ein Außenseiter, dessen Geruch alleine schon genug Grund für die anderen war, um zu flüchten.
Immerhin konnte er nun seinen Durst stillen. Doch auch der Hunger wurde langsam ein Problem. Mojo saß am Seeufer, trank immer wieder etwas Wasser und dachte darüber nach, was er nun essen sollte. Die kleine Gazelle hatte von Gräsern und Beeren gesprochen, doch Mojo hatte keine Ahnung, was das bedeutete und wie man es fand.
Da erblickte er plötzlich seine Rettung.

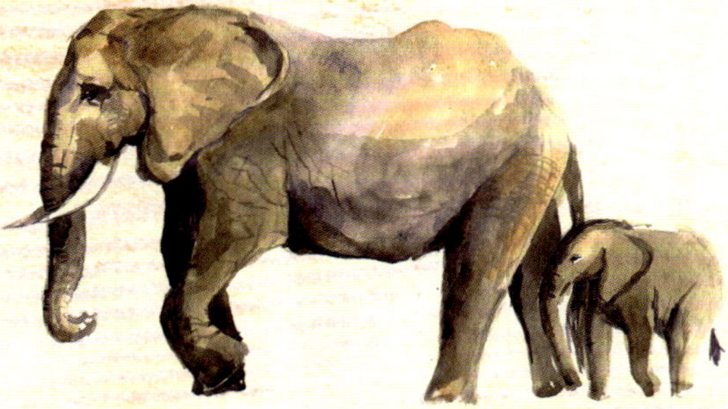

Freie Löwen

Unter einem Kigeliabaum an der gegenüberliegenden Seite der Wasserstelle lagen Löwen. Sie konnten Mojo sicher das Geheimnis verraten, an welcher Stelle hier draußen das Fressen landete.

Der Rudelführer, ein mächtiger Kerl, erblickte Mojo als Erster. Er setzte sich gemächlich auf und musterte den Neuankömmling mit durchdringendem Blick. Mojo blieb in gebührendem Abstand stehen. Er wusste, wie man sich richtig zu verhalten hatte, und erinnerte sich an eine Lehre seines Vaters: »Vor einem Chef sollst du Respekt haben, aber niemals Angst. Denn sobald du Angst hast, kontrolliert er dich. Wenn dich jemand kontrolliert, wirst du unglücklich.«

Mojo hatte keine Angst vor dem Chef dieses Rudels.

»Was willst du hier?«, rief der Anführer mit eindrucksvoller Bassstimme.

Nun wirkte er doch etwas mächtiger als Mojos Vater.

»Ich …« Mojo sah sich um. Die Eule war nirgends zu entdecken. Wahrscheinlich kreiste sie irgendwo am Himmel und beobachtete die Szene von oben. »Ich suche Anschluss an ein Rudel.«

Schon während er die Worte aussprach, spürte er, dass es sich nicht gut anfühlte.

Der Anführer trottete von seinem Hügel herab und blieb in einer Körperlänge Abstand vor Mojo stehen.

»Da könnte ja jeder kommen«, sagte er. »Warum hast du ausgerechnet mein Rudel ausgewählt?«

»Weil ihr die ersten Löwen seid, die ich getroffen habe, seit ich in Freiheit bin.«

Der Rudelführer sah ihn mit gerunzelter Stirn an.

»Freiheit? Was soll denn das sein?«
Mojo war irritiert.
»Ich habe gehört, es sei das Wertvollste, was man besitzen kann«, sagte er. »Es soll das wunderbarste aller Gefühle sein, weil man tun und lassen kann, was man will.«
Der Chef sah sich zu den drei jüngeren Löwen um, die inzwischen interessiert hinzugekommen waren. Dann umkreiste er Mojo.
»Was soll denn daran besonders sein?«, fragte er.
Mojo suchte nach einer Antwort. Die Löwen hier verstanden ihn offenbar ebenso wenig wie die Mitglieder seines Rudels im Tierpark. Auch sie kannten nur ihre Welt. Doch während den Löwen im Zoo gar nicht bewusst war, worauf sie verzichteten, ahnten die Löwen in Freiheit nicht, welche Vorzüge sie genossen.
»Vielleicht kann man erst wirklich schätzen, was man hat, wenn man auch das Gegenteil davon kennt«, sagte Mojo nachdenklich und eher zu sich selbst.

»Du bist ein merkwürdiger Kerl«, sagte der Chef. »Doch irgendwie gefällst du mir. Wenn du möchtest, kannst du eine Weile bei uns bleiben. Aber nur, wenn du dich unseren Regeln anpasst.«

Mojo nickte. Der Chef trottete zurück auf seinen Hügel, legte sich wieder auf seinen Platz und gähnte. Die drei Junglöwen hingegen blieben bei Mojo. Für sie war der Neue eine willkommene Abwechslung.

»Woher kommst du?«, fragte der Größte von ihnen.

»Wie heißt du?«, wollte der neben ihm wissen.

»Und warum redest du so merkwürdiges Zeug?«, fiel der Dritte ein.

»Ich bin Mojo und habe mein Rudel im Tierpark verlassen, weil ich in Freiheit leben wollte«, sagte Mojo.

Der Größte machte einen Schritt nach vorne. Er überragte Mojo um eine gute Prankenbreite.

»Du hast dein Rudel verlassen? Welcher Löwe macht denn so etwas?«

»Einer, der die Freiheit sucht und dem die anderen nicht dorthin folgen wollen«, antwortete Mojo.

Der andere Löwe nickte.

»Ich bin Bold«, sagte er. »Das sind meine Freunde Jed und Lenny. Unser Chef, mit dem du eben gesprochen hast, heißt Gollo.«

»Ich habe Hunger«, sagte Mojo.

»Du kannst mit uns auf die Jagd gehen«, bot Lenny an.

»Was ist das?«, fragte Mojo.

»Du weißt nicht, wie man jagt?«, wunderte sich Jed.

Mojo schüttelte den Kopf.

»Wovon hast du dann bisher gelebt?«

»In meinem alten Revier wurde uns das Essen gebracht.«

Bold schüttelte den Kopf.

»Unser Chef hatte schon recht, du bist ein merkwürdiger Kerl. Hör gut zu. Hier draußen gibt es ein Gesetz, nach dem alles funktioniert. Es lautet: Fressen oder gefressen werden. Wir werden dir das Jagen beibringen.«

»Es wird dir Freude machen«, sagte Jed.

»Wir tun es nur zum Spaß«, erklärte Lenny. »Normalerweise sorgen die Löwinnen im Rudel für unser Fressen.«

»Was tut man dabei?«, wollte Mojo wissen.

»Man schleicht sich ganz langsam und unbemerkt möglichst nahe an seine Beute heran«, erklärte Bold. »Dann macht man ein paar schnelle Sprünge …«

»Darin bin ich gut!«, fiel Mojo ein.

»… und reißt seine Beute zu Boden. Ein kräftiger Biss in den Hals, und es ist geschafft.«

»Was ist eine Beute?«, fragte Mojo.

»Je nachdem, was gerade vorbeikommt. Zebras, Antilopen, Impalas, Gnus …«

Mojo zuckte zusammen.

»Tiere?«, rief er. »Ihr tötet andere Tiere?«

»Natürlich. Was denn sonst?«, sagte Lenny.

»Aber das darf man nicht«, sagte Mojo.

»Was soll das Gerede? Wir sind Löwen. Wir dürfen alles«, sagte Lenny.

Die drei musterten Mojo mit sichtlicher Verwunderung.

»Und wer sagt das?«, fragte Mojo.

»Was meinst du, wofür du deine mächtigen Zähne, deine riesigen Pranken und deine starken Muskeln hast?«, fragte Jed.

Mojo sah an sich herab. So hatte er es noch nie betrachtet. Waren diese Tatzen dazu da, um andere Tiere zu töten? Konnte er nur deshalb so gut springen, um Beute zu erjagen?

»Nur weil man etwas tun könnte, ist das doch kein Grund, es auch wirklich zu tun«, sagte er. »Ich will nicht, dass andere vor mir Angst haben. Ich will in Frieden mit allen leben.«

»Wenn sie dich nicht mehr fürchten, werden sie über dich herfallen«, sagte Jed.

»So ist das Leben«, erklärte Lenny.

»Schließlich bist du einer von uns.« Bold sah ihn herausfordernd an. »Sie würden dich für deine Schwäche bestrafen. Denk doch mal nach. Warum wohl bist du als Löwe in eine Welt gekommen, die so beschaffen ist, dass alle Angst vor Löwen haben?«

»Und außerdem – was ist schon dabei, andere zu jagen und zu fressen?«, meinte Jed.

Mojo schüttelte ungläubig den Kopf. »Ist die Tradition der Löwen eine Rechtfertigung dafür, dass ich andere töte?«, wiederholte er.

»Natürlich!«, rief Bold aufgebracht. »Und nicht nur das. Wir haben sogar den Auftrag, es zu tun. Den Auftrag unserer Natur. So war es schon immer, und so wird es immer sein.«

Nun lösten sich die drei voneinander und umringten Mojo von allen Seiten.

Mojo schüttelte den Kopf. »Selbst wenn es so wäre, wer sagt, dass es der einzige Weg ist?«, sagte er.

»Weil es der Weg der Gewinner ist«, knurrte Bold. »Der Weg aller Löwen.«

»Und was ist der Gewinn?«, wollte Mojo wissen.

»Überleben!«, rief Lenny.

»Mächtig sein!«, ergänzte Jed.

»Angesehen und gefürchtet sein«, sagte Bold.

»Aber ich kann doch essen, was die Elefanten und die Antilopen essen. Warum soll ich dann jagen und Angst und Schrecken verbreiten?«
»Weil Löwen nicht von Früchten, Blättern und Gras leben können. Darum!« Bold schien am Ende seiner Geduld zu sein. In seiner Stimme schwang ein drohender Unterton mit.
»Und wenn sie es doch könnten?«, fragte Mojo.
»Dann wäre es trotzdem viel einfacher, die anderen zu fressen, als sich selbst Grashalm für Grashalm zusammenzusuchen«, sagte Bold. »Es gibt nun einmal Tiere, die ständig arbeiten, und andere Tiere, die von den Ergebnissen dieser Arbeit leben. Außerdem geht es nicht alleine darum, heute satt zu werden. Es geht darum, sein Revier zu sichern, damit man auch morgen noch zu den Satten gehört. Und übermorgen und noch viel länger. Immer!«
»Genau«, bestärkte ihn Jed. »Und das funktioniert nur, wenn niemand daran zweifelt, wem das Revier gehört. Sonst bist du eines Tages satt und schläfrig, wachst auf und die Feinde haben dich umzingelt.«
»Welche Feinde denn?«, wunderte sich Mojo.
»Andere Löwen vielleicht«, meinte Bold.
»Elefanten. Nashörner. Flusspferde«, sagte Lenny. »Sehr gefährlich.«
»Oder schlimmstenfalls sogar die Antilopen und die Zebras«, sagte Jed. »Sie könnten sich zusammentun, und als Ganzes wären sie viel stärker als wir. Sie fürchten uns nur, weil sie nicht begriffen haben, wie man als Rudel stark wird.«
»Zum Glück sind sie so dumm.« Lenny lachte gehässig.
»Und deshalb darf man sie umbringen?«, fragte Mojo.

»Natürlich. Man muss ja von etwas leben.«
Mojo schüttelte den Kopf und seufzte.
»Ich mag es trotzdem nicht«, sagte er. »Ich will keine Tiere essen, und ich glaube, ich mag das Jagen nicht.«
»Löwen leben nun einmal vom Fleisch«, sagte Bold. »Wenn du kein Fleisch isst, wirst du sterben. Deine Zähne könnten gar nichts anderes kauen. Dein Magen kann nichts anderes verdauen. Deine Muskelkraft braucht die Energie von frischem Fleisch.«
»Mojo, du bist noch gar nicht richtig bei uns, da zweifelst du schon alles an, was wir tun«, sagte Jed. »Bald wirst du ein einsamer Löwe sein, der zu niemandem gehört. Du wirst keine Familie haben und keine Freunde.«
»Vielleicht gewinne ich andere Freunde«, sagte Mojo leise.
Die andern lachten.
»Ein Löwe bleibt immer ein Löwe«, sagte Bold. »Niemand wird dir trauen. Man wird deinen Sanftmut ausnutzen und dich zerstören. Jage oder stirb. So ist das Gesetz.«
Die drei Junglöwen entfernten sich, aber nicht ohne dem Neuen zuvor drohende Blicke zugeworfen zu haben. Mojo setzte sich weit weg von ihnen an den Rand des Baumschattens. Und wieder einmal war er alleine.

Liebt ein Mensch den Frieden,
wird er nicht zum Feigling.

Sprichwort aus Nigeria

Die Seiten der Freiheit

Am Abend lag Mojo mit inzwischen laut knurrendem Magen noch immer in einiger Entfernung zum Rudel.

»Wie war dein erster Tag in Freiheit?«, erkundigte sich die Eule, die neben ihm auf einem Stein saß.

»Schrecklich«, sagte Mojo. »Am liebsten möchte ich wieder zurück zu meiner Familie.«

»Warum?«

Mojo seufzte. »Ich wusste nicht, dass die Freiheit so anstrengend und verwirrend ist.«

»Sie hat nur dann einen Wert, wenn du sie nutzt, um deine Vision zu leben«, erklärte Bundi. »Wenn du keine Träume hast, egal wie groß oder klein sie sein mögen, wozu brauchst du dann Freiheit?«

»Ja, die Träume …«, murmelte Mojo und betrachtete dabei sehnsüchtig den glutroten Sonnenball, der gerade am Horizont versank.

»Was also ist jetzt, wo du die Freiheit kennst, dein Traum?«, bohrte die Eule weiter.

»Mein Leben lang habe ich zwischen Zäunen, Mauern und Gräben gelebt, die dazu dienten, die Tiere voneinander fernzuhalten. Mein Traum ist ein Leben ohne solche Grenzen.«

»Aber das hast du jetzt doch erreicht«, sagte Bundi. »Du kannst dich frei bewegen und gehen, wohin du willst.«

Mojo sah sie traurig an.

»Ich habe heute gelernt, dass diese Gräben nicht im Boden sein müssen. Die meisten sind im Kopf.«

»Du bist wirklich ein außergewöhnlicher Löwe«, sagte Bundi. »Weißt du das?«

Mojo seufzte tief. »Das sagen alle, aber was nützt es mir?«

»Du hattest den Traum, deinem Gefängnis zu entfliehen, und du hast es geschafft. Wenn du nun den Traum hast, Gräben in Köpfen zu beseitigen, wird es dir ebenfalls gelingen.«

»Aber wie?«

»Erinnerst du dich an deine vier Helfer?«, fragte Bundi.

Mojo dachte kurz nach.

»… Sehnsucht, Klarheit, Kraft und Vertrauen?«

Die Eule nickte. »Sie haben dir geholfen, die größten Hindernisse zu überwinden, und sie können noch viel mehr. Sie bewirken, dass du wie ein eigener Ort wirst.«

»Ich soll ein Ort sein? Wie meinst du das?«, fragte Mojo.

»Jeder Ort zieht bestimmte Tiere an und andere stößt er ab«, erklärte Bundi. »So wie dieser Ort mit seinem Baum die Löwen anzieht. Und solange die Löwen hier liegen, stößt der Ort die Zebras ab. Wenn du es richtig anstellst, wirst du Dinge, Ereignisse und Tiere, die zu dir passen, wie von alleine anziehen. Genauso wird, was nicht zu dir passt, ferngehalten. Wie bei einem Ort eben.«

»Das klingt toll!«, meinte Mojo. »Wie stelle ich das an?«

»Auf dieselbe Weise, wie du den Graben und die Mauer überwunden hast«, sagte Bundi. »Zunächst erkenne deine tiefste Sehnsucht …«

»Ich möchte zu anderen gehören und mich nicht immer als Außenseiter fühlen«, platzte Mojo heraus.

»… und werde dir klar darüber, welches Ziel du erreichen willst«, setzte die Eule ihren Satz fort.

Mojos Miene verdunkelte sich. »Wenn ich das nur wüsste. Alle sagen, mein Traum kann niemals wahr werden. Du hattest schon recht, die meisten Tiere vertrauen Löwen nicht und haben Angst vor ihnen.«
Die alte Eule machte ein paar Hüpfer auf Mojo zu und flüsterte in sein Ohr: »Es gibt einen weiteren Helfer, der dich bei allen Plänen unterstützt.«
»Wer ist das?«
»Die Fantasie. Mit ihrer Hilfe kannst du die kühnsten Pläne schmieden und dir so lange etwas Neues einfallen lassen, bis du genau weißt, wie alles sein sollte.«
»So wie ich immer wieder ein Vogel sein wollte?«
»Genau«, sagte Bundi. »Nun kannst du deine Fantasie nutzen, um dir in Gedanken eine Welt zu erschaffen, wie du sie willst.«
»Ich wüsste schon, was ich toll fände«, schwärmte Mojo. »Wenn alle, egal ob Elefanten, Vögel, Nashörner, Antilopen, Giraffen, Zebras oder Löwen, als ein großes Volk zusammenleben würden. Jeder könnte allen anderen mit seinen besonderen Fähigkeiten helfen. Jeder würde von jedem lernen. Und weil sich alle verstehen würden, würde niemand mehr den anderen schaden wollen.«
»Siehst du, in dir selbst existiert diese Welt bereits«, sagte Bundi. »Wenn du ein starker Ort werden willst, brauchst du aber noch einen letzten Helfer. Ihn zu finden, wird dann gleichzeitig deine Meisterprüfung sein.«
Mojo spürte plötzlich einen Kloß im Hals, denn die alte Eule hatte den letzten Satz ernst und betont ausgesprochen.
»Die Liebe«, verkündete Bundi nach einer spannungsvollen

Pause. »Dein Wille, die Fantasien in die Tat umzusetzen, macht dich für andere sichtbar. Aber so sehr du dich auch anstrengst, wenn die Liebe fehlt, wird es sehr schwer werden. Sie ist die größte Kraft hinter allem. Sie wird dich zu einem faszinierenden, magischen Ort machen, an dem jeder gerne sein möchte.«

»Den Willen habe ich«, sagte Mojo und versuchte dabei selbstbewusst zu klingen. »Aber ich weiß nicht, warum ich die Liebe als Helfer brauche.«

»Ohne Liebe tust du es nur. Mit Liebe wirst du es«, sagte Bundi.

Mojo sah sie verständnislos an.

»Ich liebe meine Mutter …«

»Das ist nicht die Art von Liebe, die ich meine«, sagte Bundi. »Niemand wird dir folgen, weil du deine Mutter liebst. Es geht darum, die Liebe zu spüren, die in allem steckt, was dich umgibt.«

Die Eule musterte Mojo eingehend.
»Verstehst du, was ich meine?«
»Ich weiß nicht …«, sagte Mojo.
»Du möchtest das Vertrauen von Zebras, Gazellen, Antilopen, Elefanten und anderen gewinnen. Das wird dir nur gelingen, wenn du dich als Teil von ihnen fühlst.«
»Wie soll das gehen, wenn sie mich nicht zu sich lassen?«
»Warum müssen sie dich einladen, damit du Liebe empfinden kannst?«, fragte die Eule zurück.
»Aber wie sonst soll es gehen?«, fragte Mojo.
»Hast du schon einmal eine Gazelle beobachtet und gespürt, wie dein Herz vor Freude hüpft, nur weil du siehst, wie sie sich bewegt? Hast du schon einmal Glück und Dankbarkeit empfunden beim Anblick wandernder Zebraherden?«
Mojo stutzte.
»Das ist Liebe?«, fragte er.
»Nein«, sagte Bundi. »Aber darin verbirgt sie sich. Also mach dich auf den Weg.«

Ungeliebte Ideen

Der anstrengendste und aufregendste Tag in Mojos bisherigem Leben lag hinter ihm. Sein Körper schmerzte, die Pfoten taten weh und in seinem Kopf drehten sich Bilder, Gedanken und Fragen wie in einem endlosen Wirbel. Mojo versuchte sie anzuhalten und zu ordnen, doch sein Kopf hörte nicht auf ihn und dachte einfach weiter. Irgendwann jedoch übermannte ihn die Erschöpfung, und er schlief ein.

Er wusste nicht, wie lange er geschlafen hatte, als er unvermittelt durch lautes Fauchen aus seinem Traum gerissen wurde. Eine zentnerschwere Last presste seinen Brustkorb auf den Boden, eine weitere drückte mit aller Gewalt seinen Rücken nach unten. Scharfe Zähne bearbeiteten seinen Kopf und Nacken, zerrten an seinem Fell und fügten ihm blutige Wunden zu.

Schnell wurde ihm klar, dass sich mehrere junge Löwen auf ihn geworfen hatten. Normalerweise ging es in so einer Situation mit Gleichaltrigen darum, in freundschaftlichem Ringkampf gegenseitig die Kräfte zu messen. Doch an diesem Angriff war nichts freundschaftlich. Diese Löwen versuchten ihn umzubringen.

Mojo erkannte seine Gegner am Geruch. Es waren Bold, Jed und Lenny, und obwohl sie kein Wort von sich gaben, spürte er ihre Gedanken. Sie wollten ihn vernichten, wollten nicht, dass er seine Ideen vom friedlichen Miteinander weiter verbreitete. Und weil Mojo sich ihnen nicht unterworfen hatte, bestraften sie ihn.

»Lasst mich los!«, fauchte Mojo. »Ich bin nicht euer Feind!«

Aber die drei ließen nicht ab von ihm. Mojo lag auf dem Rücken und wand sich unter ihrer Last wie eine Schlange. Er zerkratzte seinen Gegnern die Nasen und Gesichter, wo immer er sie erwischte. Seine Gewandtheit und seine schlanke Statur kamen ihm jetzt zugute. Wann immer die drei Junglöwen versuchten, ihn zu fixieren, wand er sich aus ihrem Griff heraus. Schließlich gelang es ihm, sich zu befreien, und mit ein paar schnellen Sprüngen gewann er Abstand von seinen Peinigern.

Gerade als er das Gefühl hatte, die Verfolger würden von ihm ablassen, stand plötzlich der Anführer des Rudels vor ihm. In der Dunkelheit wirkte er noch mächtiger als am Tag, und nun verspürte Mojo doch Angst vor dem Löwen.

»Sie haben versucht mich umzubringen!«, keuchte er.

»Es wäre besser, wenn du jetzt gehst«, sagte Gollo.

»Aber was habe ich euch getan?«, fragte Mojo. Er sah den Anführer nur als riesigen Schatten mit schwach leuchtenden Augen.

»Wir sind Löwen«, sagte der Chef. »Wer kein Löwe sein will, gehört nicht zu uns. Und nun verschwinde.«

Blut

So schnell es seine Verletzungen erlaubten, entfernte sich Mojo vom Lager der Löwen. Er konnte nur mit dem linken Auge sehen, in das rechte lief Blut aus einer Kratzwunde an der Stirn. Das linke Ohr schmerzte, vielleicht weil einer seiner Gegner eine Scharte hineingebissen hatte. Mojos Nacken fühlte sich nass an, und aus einer langen Kratzwunde auf der hinteren Flanke lief ebenfalls Blut.

Als er genügend Abstand zwischen sich und seine Gegner gebracht hatte, ließ er sich neben einem Busch nieder und leckte seine Wunden. Von allen guten Gedanken über die Freiheit war kein einziger mehr übrig geblieben. Mojo war geschwächt, weil er seit seiner Flucht nichts mehr gefressen hatte. Dem Tod durch seine eigenen Artgenossen war er gerade eben noch entkommen. Alle anderen Tiere liefen vor ihm weg. Zurück in den Zoo konnte er nicht mehr, weil man ihn schon auf dem Weg dorthin töten würde. Es gab kein Vor und kein Zurück.

Zum ersten Mal in seinem Leben weinte Mojo. So laut, dass alle in weitem Umkreis es hören konnten. Und vielleicht sogar der Mond, der bleich auf ihn herabblickte.

Der Mann,
der nie Übel erfahren hat,
kennt nicht den Wert
von dem, was gut ist.

Sprichwort aus Togo

Der erste Stein

»Ich hatte dich gewarnt, dass die Freiheit anders ist, als du dachtest«, sagte Bundi.
Mojo leckte sich das Blut von der Nase.
»Die sind alle wahnsinnig«, sagte er. »Die einen laufen vor mir weg, und die, die nicht vor mir weglaufen, ignorieren mich oder wollen mich umbringen. Ich verstehe es einfach nicht.«
»Das ist eben die freie Wildbahn«, sagte Bundi.
»Ist die freie Wildbahn dasselbe wie die Freiheit?«, fragte Mojo.
Bundi dachte nach. So lange, dass Mojo schon glaubte, sie sei eingeschlafen.
»Das ist eine sehr gute Frage«, sagte sie dann. »Ich glaube, die freie Wildbahn ist das, was aus der Freiheit wird, wenn alle nur ihrem Instinkt folgen, ohne ein höheres Ziel. Du aber hast eine Vision, einen Traum, ein Ideal mit großen Zielen. Deshalb findest du keinen Platz in der Natur, so wie sie ist.«
»Dann wäre es besser, ich ginge zurück in den Zoo«, sagte Mojo. »Dort bringen sie sich wenigstens nicht gegenseitig um.«
»Selbst wenn du das schaffen würdest, wie wäre dann der Rest deines Lebens?«, fragte die Eule.
»Zumindest sicher«, sagte Mojo.
»Vielleicht ist Sicherheit hinter Mauern nichts, was dir dazu verhilft, glücklich zu sein.«
»Das ist bestimmt wahr«, sagte Mojo. »Aber was ist es dann?«
»Du brauchst ein Rudel«, sagte Bundi. »Ohne Rudel bist du irgendwann tot.«
»Aber niemand will mich hier draußen«, sagte Mojo.

»Dann gründe dein eigenes«, schlug Bundi vor.
»Und wie soll das gehen?«, fragte Mojo. »Jeder, den ich bisher getroffen habe, hat schon eines. Und sie verteidigen ihre Ansichten, als wären sie Schutzgräben.«
»Wenn andere dich nicht über ihren Graben zu sich lassen, müssen sie selbst darüberspringen und zu dir kommen«, sagte Bundi.
»Das wäre wohl die einzige Möglichkeit«, sagte Mojo. »Aber wie soll das jemals geschehen?«
»Wer ähnlich leben will wie du, gehört in dein Rudel«, sagte Bundi. »Alle, deren Sehnsucht nach einem besseren Leben so groß ist wie deine, werden ihr Rudel verlassen und damit auch ihr altes Leben aufgeben. Doch dafür brauchen sie jemanden, der schon den Mut hatte es zu tun. Ein Vorbild.«
Mojo schüttelte den Kopf, als wollte er eine lästige Fliege verscheuchen. Aber es war nur ein Gedanke, den er nicht loswurde.
»Wie soll das gehen, wenn mich niemand auch nur anhören will?«, fragte er.
»Indem du dein Leben zuerst selbst lebst, ehe du versuchst, andere davon zu überzeugen«, sagte Bundi. »Sie wollen nicht wissen, was du denkst. Sie wollen sehen, dass du es auch tust. Damit setzt du es in Gang.«
Mojo warf einen Blick über die Savanne.
»Wie groß diese Welt ist. Was kann ich da schon bewirken?«, sagte er.
Die Eule deutete mit einer Schnabelbewegung nach Norden.
»Siehst du die Berge dort hinten?«
Mojo nickte.

»Wenn der Regen kommt, fallen dort Tropfen auf Steine«, sagte Bundi. »Es dauert eine Weile, aber irgendwann und irgendwo lösen die Tropfen einen davon heraus. Der Stein fällt herab und löst einen zweiten Stein. Der löst im Fall noch einen. Zu dritt lösen sie drei weitere Steine. Zu sechst lösen sie sechs weitere Steine. Und irgendwann kommt der größte Berg plötzlich ins Rutschen. Ich habe es selbst gesehen.«
Mojo sah das Bild der rutschenden Steine vor sich. Und auf einmal wusste er, was zu tun war.

Dem Klugen
braucht man nur den
Anfang zu sagen.
Das Ende weiß er selber.

Sprichwort aus Angola

Hunger

Um etwas Neues aufzubauen, sollte man also dieses Neue als Erstes selbst leben, um dabei zu einem neuen Ort zu werden. Im Moment musste Mojo erst einmal lernen, wie er auf friedliche Weise zu Essen kam.

Er durchstreifte das Gebiet um die Wasserstelle herum und suchte nach Futter. Aber es gab nichts, nicht einmal einen Zaun oder eine Mauer, die auch nur vage andeuteten, dass hier jemand das Essen bringen würde. Als er schon aufgeben und das Revier wechseln wollte, tauchte hinter einem Strauch das braun-weiße Hinterteil eines Tieres auf.

»Gabini!«, rief Mojo.

Die kleine Antilope zuckte zusammen und machte einen Satz zur Seite.

»Nicht weglaufen«, sagte Mojo. »Ich bin`s.«

»Der Löwe, der uns nicht fressen will?«, fragte Gabini.

»Ja«, sagte Mojo. »Aber ich habe dennoch Hunger, und du sagtest, ihr würdet euch ernähren, ohne andere zu töten.«

»So ist es auch«, sagte Gabini mit einem vorsichtigen Unterton in der Stimme.

»Zeigst du es mir?«

»Ich weiß nicht«, sagte Gabini zögernd.

»Warum nicht? Dir wird nichts geschehen.«

»Meine Familie traut dir nicht. Sieh nur, wie sie dort hinten stehen und zu uns herübersehen.«

»Wir müssen es ihnen zeigen, indem wir es einfach tun«, sagte Mojo.

»Wenn ich mit dir Zeit verbringe, könnten sie mich aus der Herde verstoßen«, sagte Gabini.

»Warum denn das?«

»Weil ich dann nach dir rieche. Sie würden glauben, ich gehörte nicht mehr zu ihnen. Und sie würden denken, ich wäre verrückt geworden.«

Mojo seufzte.

»Das kenne ich«, sagte er. »Aber vielleicht gründen wir eine Gruppe von Verrückten, so wie wir es sind.«

»Eine Gruppe von Verrückten?«, fragte Gabini und sah Mojo dabei mit schief gelegtem Kopf an.

Mojo nickte.

»Verrückt ist nicht dumm«, sagte er. »Ich hatte einen verrückten alten Lehrer im Zoo, und alles, was er sagte, hat gestimmt. Verrückt ist nur eine andere Art, die Welt zu sehen. Mit einer guten Idee verrückt zu sein ist toll.«

Mojo spürte, wie die kleine Gazelle nachdachte.

»Gut, ich zeige dir, wie wir essen«, sagte sie dann. »Folge mir.«

Mojo spürte, wie sein Herz vor Freude einen Satz machte. Unter den kritischen Blicken der Gazellenherde trottete er neben seinem neuen Freund her und ließ sich von ihm in die Geheimnisse der Pflanzenwelt einweihen.

»Am Boden gibt es Gräser, Blattgewächse und Kräuter«, erklärte Gabini. »An den Büschen gibt es Blätter, Nüsse, Knospen und Beeren. Manchmal von Stacheln geschützt, deshalb muss man gut achtgeben. Unter den großen Bäumen gibt es heruntergefallene Früchte. Da musst du die reifen nehmen. Man erkennt sie daran, dass sie weich sind und gut riechen. Wenn etwas bitter schmeckt oder scharf riecht, muss man es liegen lassen.«

Gabini hielt plötzlich inne und sah Mojo an.

»Wieso weißt du eigentlich nicht, wie man Essen sucht?«, fragte sie.

»Es fiel bisher immer über einen Zaun direkt vor meine Füße«, sagte Mojo.

»Das klingt nach einem guten Leben«, sagte Gabini. »Warum hast du es aufgegeben?«

»Weil etwas, das von außen gut aussieht, nicht auch für jeden gut sein muss.«

»Wie bei den Früchten und Beeren«, sagte Gabini.

»Ja, wie bei den Früchten«, sagte Mojo. »Eigentlich esst ihr ganz ähnlich, wie ich es kenne, nur ist alles grün und man muss es sich zusammensuchen.«

»Man hat mich die Speisegewohnheiten der Löwen anders gelehrt«, sagte Gabini.

»Ich bin zwar ein Löwe«, sagte Mojo. »Aber ich bin ein verrückter Löwe, und ich werde lernen, wie du zu essen.«

Gabini zeigte Mojo, wie man gute von schlechten Pflanzen unterschied, welche Beeren schön aussahen, aber den Tod brachten, und welche unscheinbar wirkten, aber gesund waren und satt machten. Mojo lernte, sich Früchte zu holen, die von Stacheln geschützt waren, und er übte sich darin, so zu kauen, dass das grüne Futter schon in seinem Mund zu kleinen Teilen zermahlen wurde, was nach Gabinis Ansicht wichtig war, um satt zu werden.

Während dieser nachmittäglichen Schule wurden die beiden unablässig beobachtet. Zunächst nur von Gabinis Herde, dann auch von einigen Zebras. Später kamen Gnus und neugierige Wasserbüffel hinzu, und am Ende hatten sich sogar ein halbes Dutzend interessierte Elefanten und ein verwundertes Giraffenpärchen in Sichtweite versammelt.

»Sie sehen uns zu«, flüsterte Mojo.

»Ich weiß nicht, ob das gut oder schlecht ist«, sagte Gabini.

»Ich auch nicht«, erwiderte Mojo. »Aber man hat mir gesagt, es wäre gut, einfach weiter die Sache zu machen, an die man glaubt.«

»Dann essen wir weiter, bis es dunkel ist«, sagte Gabini. »Denn ich habe Angst, mich den Blicken meiner Herde zu stellen.«

In Frieden mit den Kriegern

Nachdem die Sonne hinter dem Horizont verschwunden und Gabini zu seiner Herde zurückgekehrt war, kletterte Mojo auf seinen Baum.
Mit dem Abschied des letzten Dämmerlichts erwachten die nachtaktiven Tiere. Die Geräusche unterschieden sich jetzt so sehr von jenen des Tages, dass Mojo sich wie in einer anderen Welt fühlte. Viele Lebewesen stießen laute oder besonders hohe Rufe aus, um sich in der Dunkelheit bemerkbar zu machen oder sich zu orientieren. Andere grollten so langsam und tief, dass man glaubte, ein Baum wäre gerade kurz davor, mit den Wurzeln aus dem Boden zu brechen. Die kühle Nachtluft brachte nicht nur Erfrischung, sondern auch neue Gerüche mit sich. Die Erde wurde zunehmend von der Nachtfeuchte durchdrungen und duftete dabei viel intensiver als am Tag. Dieses Aroma vermischte sich mit dem Duft der Pflanzen, die nur bei Dunkelheit ihre Blüten öffneten, um den Tau zu sammeln.
Mojo hatte es sich gerade in einer der unteren Astgabeln gemütlich gemacht, als er das Rascheln von Flügeln über sich hörte.
»Nun, was denkst du, junger Löwe?«
»Bundi!«, rief Mojo. »Wo warst du?«
»Eulen lieben die Dunkelheit mehr als die Sonne«, sagte Bundi. »Wie war dein Tag?«
»Schrecklich und gut zugleich«, sagte Mojo. »Ich habe einen Freund gewonnen, und deshalb ist vielleicht eine ganze Herde gegen mich.«
»Ein wahrer Freund wiegt mehr als eine ganze Herde«, sagte Bundi.

»Und wie soll ich mit denen umgehen, die gegen mich sind?«, fragte Mojo.
»Schenke ihnen möglichst wenig Beachtung.«
»Aber irgendwie muss ich doch auf ihre Vorwürfe reagieren.«
»Mein Junge, ich bin fünf Löwenleben alt«, sagte die Eule. »Ich habe viele Tiere kommen und gehen sehen. Und ich kann dir sagen, dass die Alten letztlich immer verschwinden und die Jungen ihre eigene Welt erschaffen. Du musst sie nicht umstimmen. Du musst nur deine Sache machen.«
»Ich soll also nicht gegen sie antreten?«
»Wenn dich einer auffordert zu kämpfen und du nimmst es an, hat er schon gewonnen«, sagte Bundi. »Weil du deinen Frieden aufgibst und in seinen Kampf eintrittst.«
»Aber was soll ich tun, wenn sie mich provozieren?«, fragte Mojo. »Wenn sie schlecht reden? Wenn sie andere verunsichern und gegen mich aufwiegeln wollen?«
Bundi klapperte mit ihren Schnabelhälften gegeneinander.
»Weißt du, was noch ein Vorteil der Wildbahn ist?«, fragte sie. »Es überlebt nicht einfach nur der Stärkste. Es überlebt das Lebensmodell, dem sich die meisten anschließen. Du wirst eine Welt ohne Kampf nicht erschaffen, indem du kämpfst, sondern indem du viele dafür gewinnst, ohne Kampf zu leben.«

»Und wenn sie dennoch angreifen?«
Bundi schüttelte den Kopf.
»Ich bin vielleicht alt, aber allwissend bin ich nicht«, sagte sie. »Ich weiß nur, dass Frieden noch niemals durch Krieg geschaffen wurde, sondern immer durch das Ende von Krieg. Aber ich bin nur eine Eule und kann leicht reden, denn bei Gefahr fliege ich weg. Du hingegen lebst am Boden, das ist nicht meine Welt. Ich denke, es muss jeder in seinem eigenen Herzen entscheiden, was zu tun ist, wenn man angegriffen wird.«
»Ich verstehe, was du damit meinst«, sagte Mojo. »Aber was soll ich nun machen?«
»Wie du siehst, bin ich am Ende meiner Weisheit«, sagte Bundi. »Jetzt muss deine beginnen.«
Sie machte eine Pause. Mojo spürte, dass es ihr schwerfiel weiterzureden.
»Finde die Liebe, junger Löwe«, sagte Bundi. »Nicht bei anderen, sondern in dir selbst. Erst dann sind deine Kräfte vollkommen.«
Und ehe Mojo weiter fragen konnte, flatterte die alte Eule auf und verschwand.

Ein Einäugiger
wird Gott erst
in dem Moment danken,
da er einem
Blinden begegnet.

Sprichwort aus Nigeria

Liebe

Am nächsten Morgen begab sich Mojo auf die Suche nach der Liebe. Er kletterte auf einen Baum und ließ sich in der höchsten Astgabel nieder. In der Nacht hatte er sich daran erinnert, dass Bundi früher einmal erwähnt hatte, man würde die Liebe nicht finden, weil man es wolle, sondern weil man ihr begegne. Und der Weg, ihr zu begegnen, sei die Dankbarkeit. Also musste Mojo sich Dinge suchen, für die er dankbar sein konnte. Das jedoch war unmöglich, wenn er ständig an seine negativen Erlebnisse und ein mögliches Scheitern dachte.

Mojo war klar, dass er seine Welt hier und jetzt mit neuen Augen ansehen musste. Er erinnerte sich an seinen Traum aus der vergangenen Nacht. Darin war er auf eine Herde friedlich grasender Gazellen zugegangen, und niemand hatte die Flucht ergriffen. Im Gegenteil, die Tiere hatten ihn nur kurz angesehen und friedlich weitergegrast, während er sich unter sie mischte. Mojo hatte geträumt, wie der Anführer der Herde auf ihn zugekommen war und sie sich unterhalten hatten. Er hatte die grazile Erscheinung der Gazellen bewundert, ihre schlanken Fesseln, die schmalen, kräftigen Hufe, die feinen gebogenen Hörner. Jede ihrer Bewegungen war von einer Leichtigkeit und Anmut, die selbst ein Löwe nur bewundern konnte.

Wovon träumten wohl die Gazellen? Von einem Leben als Löwe? Oder eher von einem Leben, in dem man nicht ständig auf der Hut sein und fliehen musste, in dem man große Sprünge nur aus purer Lebenslust machte?

Gazellen waren wie ein Lufthauch auf Beinen.

Während sich Mojo an diesen Traum erinnerte, hörte er

Hufgetrappel. Es war eine Herde Zebras auf dem Weg zur Wasserstelle. Aus der Ferne sah eines aus wie das andere. Eine anonyme Masse scheinbar gleichartiger Tiere, deren Konturen sich aufzulösen schienen, je weiter man sich von ihnen entfernte. Aus der Nähe gesehen glich jedoch keines dem anderen, und kein Tiergewand in der Savanne war auffälliger. Jedes Zebra war einmalig und bildete zusammen mit den anderen doch eine wunderbare Einheit.

Was mochte wohl die Sehnsucht der Zebras sein? Am Wasser zu trinken, ohne Angst vor lauernden Jägern? Einmal ganz alleine, furchtlos und ohne schützende Herde durch die Ebene zu galoppieren?

Auch das Fell der Giraffen sah wunderschön aus. Es war in gleichmäßige, abgeschlossene Felder unterteilt. Ganz anders als die Streifen der Zebras und viel auffälliger als das monotone, sandfarbene Fell der Löwen. Die eigentliche Besonder-

heit der Giraffen war natürlich ihre Größe und – wie Mojo fand – ihr langsamer, wiegender Gang. Dafür bewunderte er sie. Für einen Augenblick wünschte er sich, er wäre eine Giraffe und könnte wie sie die Savanne bei jedem Schritt von oben überblicken. Wie mochte es wohl sein, immer und überall einen solchen Ausblick zu haben? Wie dachte man über die Welt um sich herum, wenn man ein solcher Riese war? Für eine Giraffe war die kleine Welt am Boden wahrscheinlich fremder als die Welt in den oberen Ästen der Bäume, von denen sie Blätter zupfte. Für sie könnte es normal sein, sich mit dem Kopf wie ein Affe oder Vogel im Baum zu fühlen und gleichzeitig wie ein Gnu oder Nashorn am Boden zu stehen.

Was mochte die Sehnsucht eines so großen Wesens sein? Vielleicht wollte es einmal die Welt von unten erleben, klein und flink wie ein Wiesel oder wie ein Käfer?

Graziös zogen die eleganten Tiere an Mojo vorbei. Giraffen waren lebende Wellen aus Anmut.

Etwas später beobachtete er eine Herde Elefanten. Hatte er die Dickhäuter bislang immer für bedrohliche, ungehobelte Kolosse gehalten, stellten sie sich nun bei näherem Hinsehen als das Gegenteil heraus. Mojo spürte förmlich die Achtsamkeit und die Sanftmut, welche die Tiere im Umgang miteinander lebten. Er bewunderte die unglaubliche Geschicklichkeit, mit der sie ihre Rüssel auf so vielfältige Art einsetzten. Einerseits, um ihre Kinder zu liebkosen oder winzige Grasbüschel auszureißen, sie zu entstauben und zum Mund zu führen. Andererseits, um dicke Äste abzubrechen oder sogar Bäume zu fällen.

In Elefanten wohnte eine sanfte und zugleich unbezwingbare Kraft.
War Mojo zu Beginn seiner Beobachtungen noch etwas nervös gewesen, so wurde er im Laufe der Zeit immer ruhiger. Er sah genauer hin und versuchte zu erfühlen, wie die Tiere in ihrem innersten Wesen waren. Doch das erwartete Gefühl von Liebe im Herzen stellte sich nicht ein.
Nach einer Weile brach Mojo seine Studien ab und wechselte auf einen Ast auf der anderen Seite des Baums. Hier hatte er einen noch weiteren Blick in die Ferne. Zu seinen Füßen erstreckte sich die endlose Savanne in alle Richtungen bis zum Horizont.
Das also war die Freiheit, von der ihm der Flug der Vögel immer wieder berichtet hatte. Keine Zäune, keine Mauern, keine Gräben. Die kleine, enge Welt seiner Kinderstube war nur noch wie ein ferner Traum. Von hier oben aus gesehen fügten sich die Tiere so friedlich in die Landschaft, als gehörten sie alle zu einer einzigen großen Familie. Wie schön wäre es, wenn sie tatsächlich so liebevoll miteinander umgingen, wie das Bild es vermittelte.
Bei diesem Gedanken spürte Mojo plötzlich einen angenehmen Stich im Herzen, gefolgt von einem bisher unbekannten Wohlgefühl, das sich wie Sonnenstrahlen in seinem Brustkorb ausbreitete. Von dort rieselte das Licht weiter in den Bauch und füllte schließlich seinen ganzen Körper aus. Mojo spürte, dass dieses Gefühl eng mit den Gedanken an die Tiere und die Savanne dort unten verbunden war. Es wurde immer stärker, je mehr er an die faszinierenden Eigenarten und Schönheiten der Lebewesen dachte, die er heute

beobachtet hatte. Seltsamerweise hatte diese Empfindung nichts mit dem Verhalten der einzelnen Tiere zu tun. Es war die schlichte Freude darüber, dass er dieses Wunder vor sich überhaupt erleben durfte.
Zum ersten Mal schossen Mojo Tränen in die Augen, obwohl er weder wütend noch traurig war. Er hätte die Welt umarmen können, einzig aus dem Grund, dass sie da war und er ihre Schönheit erfahren durfte. Das musste die Liebe im Herzen sein, von der Bundi berichtet hatte.
Mit diesem wunderbaren Gefühl schloss Mojo die Augen und dachte an seine Zukunft.

*Wo es Liebe gibt,
ist keine
Dunkelheit.*

Sprichwort aus Burundi

Was sind Freunde?

Es gibt nur zwei Möglichkeiten, dachte Mojo, als er die Augen wieder öffnete. ›Entweder ich bin vollkommen alleine mit meiner Sicht der Welt. Oder aber es gibt irgendwo dort draußen andere, die ebenso denken und fühlen wie ich.
»Freunde«, hatte Bundi damals im Zoo zu ihm gesagt, »sind diejenigen, die deinen Traum vom Leben mit dir teilen.«
»Kommt nur her«, brüllte Mojo von seinem Baum in die Savanne. »Wenn dort draußen jemand ist, der von einem Leben ohne Angriff und Verteidigung, ohne Macht und Unterwerfung träumt, dann werde ich sein bester Freund sein!«

Was ist ein Chef?

»Ich habe dich rufen gehört«, sagte Gabini am nächsten Vormittag. »Und alle aus meiner Herde ebenfalls. Sie fragten mich, warum du das machst, und ich sagte, weil du nicht anders kannst.«

»Was haben sie noch gesagt?«, fragte Mojo.

»Dass sie es schön finden würden, nicht immer und überall um ihr Leben fürchten zu müssen.«

»Das kann ich ihnen leider nicht versprechen«, sagte Mojo. »Aber mit vielen Tieren zusammen zu sein, die ebenso denken, wäre ein Anfang für eine solche Welt.«

»In diese Welt muss sie jemand führen«, sagte Gabini und sah Mojo aufmunternd an.

»Schon wieder führen«, sagte Mojo. »Ich dachte, es wäre einfacher. Ich dachte, alle, die so denken wie ich, tun sich zusammen, und das ist es.«

»Aber damit sie sich zusammentun, brauchen sie einen Anführer«, sagte Gabini. »Sie möchten jemandem vertrauen, der ihnen den Weg weist. Jemand, der gelernt hat, mit schwierigen Situationen und Zweifeln umzugehen.«

Mojo seufzte.

»Ich wollte nie Chef sein«, sagte er.

»Warum nicht?«, fragte Gabini.

»Weil ich meinen Vater erlebt habe«, sagte Mojo. »Vor seiner Art zu denken und zu leben bin ich geflohen. Dann habe ich den Anführer des freien Rudels erlebt, der zunächst freundlich war und schnell mein Gegner wurde. Nur weil ich eine andere Meinung hatte. Weil es seine Position infrage stellt, wenn ich ihm nicht zustimme. Wenn all das bedeutet, Chef zu sein, will ich es einfach nicht.«

»Unser Herdenführer sagt, ein Chef ist nicht nur jemand, der andere anführt«, sagte Gabini. »Ein Chef ist jemand, der sich überlegt, was zu tun ist, und nie zögert, es zu tun. Ein Chef lebt etwas vor, das andere so gut finden, dass sie ihm freiwillig folgen. Selbst wenn ihm niemand folgt, ist er dennoch ein Chef.«

Die kleine Gazelle wandte ihren Blick nach rechts.

»Dort hinten stehen Tiere, die dich ansehen und überlegen, sich dem anzuschließen, was du hier machst.«

Mojo sah zu den Elefanten, Zebras, Nashörnern, Giraffen und all den anderen Tieren hinüber, die sich in gebührendem Abstand versammelt hatten, um den seltsamen Löwen zu sehen, der sich mit einem Gazellenkind unterhielt.

»Was mache ich denn schon? «, fragte Mojo leise.

»Frieden«, sagte Gabini.

Das Wort breitete sich wie ein erlösender Klang in Mojos Kopf aus.

»Wenn es so ist, könnte ich vielleicht doch eine Art Chef sein«, sagte er schließlich.

Man wird nicht groß,
wenn man die Größe
für sich beansprucht.

Sprichwort aus Südafrika

Annäherung

Am nächsten Morgen machte sich Mojo auf den Weg, um möglichst viele Tiere zusammenzurufen und ihnen von seinem Plan zu erzählen.
Als Erstes suchte er die Gazellen auf, weil er sich erinnerte, dass man einen Weg immer dort beginnen soll, wo er sich ohnehin schon zeigt.
Bei seiner Ankunft schreckten die Tiere auf und machten, wie es ihrer Natur entsprach, Anstalten davonzulaufen. Weil Mojo spürte, wie sehr die Angst sie trieb, drehte er ihnen den Rücken zu und legte sich auf die Seite, als würde er schlafen. Plötzlich verebbte das Getrappel, und Mojo hörte Gabinis hohe Stimme. Das Junge schien auf die anderen einzureden. Die Blicke der Herdenmitglieder wanderten nervös zwischen Mojo, dem Jungen und der Fluchtrichtung hin und her. Schließlich entfernte sich Gabini von der Herde und trabte auf Mojo zu.
»Hallo, verrückter Löwe«, sagte es und blieb in einigem Abstand stehen.
»Hallo, Gabini«, erwiderte Mojo.
»Möchtest du noch immer meine Familie kennenlernen?«
»Sehr gerne«, sagte Mojo.
Gabini wedelte aufgeregt mit dem Schwanz.
»Wenn du dicht hinter mir bleibst, können wir ganz langsam zu ihnen hinübergehen.«
Schon bald war Mojo von Antilopen umringt und erzählte von seinem Traum, in dem er genau dieses Zusammentreffen erlebt hatte. Und er erzählte von seiner Sehnsucht nach Zusammenleben und von seinem Plan, wie man es in die Tat umsetzen konnte.

Angezogen von dem erstaunlichen Bild eines Löwen inmitten einer Gazellenherde, hatten sich einige Giraffen genähert. »He, Gazellen!«, rief der größte Giraffenbulle. »Was macht ihr mit einem Löwen in eurer Mitte? Seid ihr verrückt geworden?«

»Ja!«, rief Gabini zurück. »Und wir brauchen noch mehr Verrückte. Dieser Löwe hat eine Idee zu einer neuen Welt. Geht zu allen Tieren, die ihr kennt, und ruft sie zu einem Treffen unter dem großen Baum neben dem Hügel. Heute Abend!«

Eine öffentliche Versammlung macht es für Tyrannen unmöglich zu herrschen.

Sprichwort aus Ghana

Gemeinsame Kraft

Die Sonne stand als gelbliche Kugel über dem Horizont, als sich die Tiere vor dem riesigen alten Baum versammelten. Dutzende. Hunderte. Mehr, als Mojo jemals zusammen gesehen hatte. Er selbst saß in der Astgabel, die ihm normalerweise als Schlafstätte diente, und beobachtete das Wunder um sich herum. In den Ästen über ihm hatten Vögel, Affen und Baumhörnchen in respektvollem Abstand Platz genommen. Am Boden zwischen den Wurzeln dicht vor dem Stamm saßen unzählige Erdhörnchen und andere kleine Tiere, die Mojo nie zuvor gesehen hatte.

Aus allen Richtungen der Savanne kamen die Herdentiere gelaufen und umringten den Baum. Die kleineren drängelten sich zwischen den Beinen der Großen hindurch nach vorne, so dass von selbst eine Anordnung entstand, die aussah, als hätten sich alle höflich miteinander abgesprochen. Viele der Tiere spähten immer wieder zu Mojo hoch, der sich schließlich lautstark räusperte, bevor er anfing zu sprechen.

»Mein Name ist Mojo«, sagte er. »Und ich möchte in einer Welt ohne Grenzen und ohne Kampf leben. Ich wuchs in einem Zoo auf. Das ist ein Ort, wo kein Tier mehr als fünfzig Schritte in eine Richtung gehen kann. Ich wollte weiter laufen können, um mit Tieren wie euch zu sprechen. Dass ihr alle hier seid, ist die Erfüllung meines Traums. Selbst wenn ihr jetzt gehen würdet und mich verrückt fändet, wäre es für mich die Mühe wert gewesen.«

»Das verstehe ich nicht«, piepste es von den Wurzeln des Stammes zu Mojo hoch.

»Ich will damit sagen, dass es nicht unbedingt leicht ist,

wenn man nicht tut, was andere sagen, sondern was man selbst will, weil man einen Traum von einem besseren Leben hat. Aber für mich hat sich diese Mühe schon jetzt gelohnt – weil ihr alle gekommen seid«, erklärte Mojo.

»Warum bist du ganz alleine? Wo ist dein Rudel?«, rief ein Gnu.

»Meine Familie ist hinter dem großen Graben zurückgeblieben«, sagte Mojo. »Weil sie nicht glauben konnten, dass dies hier existiert.«

Diese Bemerkung löste ein allgemeines Gemurmel aus, das an einigen Stellen schnell in lautstarke Diskussionen überging.

»Wo sind die anderen deiner Art?«, rief ein Zebra. »Die Löwen, die uns immer jagen?«

»Wir glauben nicht, dass sie uns jemals in Ruhe lassen werden«, warf eine Elefantenmutter ein.

»Ich habe mit den anderen Löwen gesprochen«, sagte Mojo. »Ihr habt recht. Sie wollen nicht verstehen. Sie sind der Meinung, dass der Stärkste jedes Recht hat, über die Welt zu herrschen. Doch wollen wir uns von der Ansicht einiger weniger daran hindern lassen, unsere eigene neue Welt zu erschaffen?

»Aber sie sind so stark«, rief eine Gazelle mit zarter Stimme. »Sie können uns mit ihrer Kraft schaden.«

»Sieh dir nur einmal deine eigenen Zähne und Krallen an, du Löwe«, rief eine andere zu Mojo hinauf. »Ein Streich und es wäre um uns geschehen.«

»Ich habe von den Löwen erfahren, dass sie vor euch Angst haben«, sagte Mojo.

Ein ungläubiges Gemurmel ging durch die Menge.

»Sie sagen, dass ihr nur schwach seid, weil ihr euch nicht zusammenschließt«, sagte Mojo. »Sie glauben, dass die Stärke eines Löwen nur deshalb über andere siegt, weil diese anderen sich einzeln als machtlos empfinden. Auch wenn man es ihnen nicht ansieht, tragen auch die Löwen eine verborgene Angst in sich. Sie sind überzeugt davon, dass Schwäche sofort ausgenutzt wird, um ihnen zu schaden. Deshalb wollen sie so sehr gefürchtet werden. Deshalb wollen sie alles kontrollieren.«

»Das klingt ja unglaublich«, grunzte ein Gnu.

»Aber es ist wahr«, versicherte Mojo.

»Was können wir deiner Meinung nach tun?«, wollte ein Giraffenbulle aus einer der hinteren Reihen wissen.

»Wir können eine neue Welt schaffen, wenn wir nach neuen Regeln leben«, sagte Mojo. »Nach unseren Regeln. Wenn wir so weiterleben wie bisher, wird die Welt ebenfalls gleich bleiben. Wenn wir uns aber anders verhalten, wird sich die Welt um uns herum ebenfalls verändern. Also werden wir anders. Man nennt das verrückt sein.«

Ein Büffel meldete sich.

»Eine gute Idee. Wir könnten uns zusammenschließen und alle gefährlichen Löwen bis hinter den Horizont vertreiben.«

»Nein«, entgegnete Mojo. »Dann würden wir selbst das Recht des Stärkeren anwenden, was seit jeher auch die Strategie der Löwen ist. Aber dieses Recht ist Teil der alten Ordnung. Wir werden die Zukunft nicht verändern, wenn wir nach alten Regeln arbeiten.«

»Das klingt alles sehr schlau, junger Löwe«, meinte eine Elefantenmutter. »Aber wie schütze ich mein Kind in dieser neuen friedlichen Welt, wenn noch Löwen herumlaufen, die versuchen, es zu töten?«

»Wenn wir uns zusammentun, werden wir über viel mehr Fähigkeiten verfügen als die voneinander getrennten Herden und Rudel«, sagte Mojo, der selbst lange über diese Frage nachgedacht hatte. »Ich habe euch alle beobachtet. Antilopen haben die besten Nasen und wittern Löwengeruch auf große Entfernung. Doch gegen den Wind haben sie keine Chance. Aber Giraffen sehen mit ihrem guten Überblick Angreifer schon von Weitem kommen, ganz gleich wie der Wind steht. Eulen spähen scharf, selbst in dunkler Nacht. Wasserbüffel haben kräftige Köpfe, denen niemand gerne im Streit begegnet. Vor den erwachsenen Elefanten hat jedes Tier Respekt. Ein Nashorn muss nur laut schnauben, und schon rennt jeder Angreifer davon. Jeder von euch besitzt Stärken, die ihn einzigartig machen. Wie stark wären wir erst alle zusammen.«

Die Tiere standen um den großen Baum herum und schwiegen nachdenklich. Für eine Weile hörte man nur das Scharren von Hufen und das Schnauben großer Nasen.

»Aber die Löwen wären noch immer hier, oder?«, piepste die Gazelle, die schon zu Beginn etwas gefragt hatte, nach einer Weile.

»Natürlich«, sagte Mojo. »Doch die Welt um sie herum wäre plötzlich ganz anders, als sie es kennen. Sie müssten sich an uns anpassen, nicht wir an sie, so wie bisher. Wir machen neue Regeln. Wir haben die Kraft dazu.«

Viele Hundert Augenpaare blickten zu der Astgabel empor, auf der Mojo saß. Wieder fiel lange kein Wort.

»Und wer sind wir dann, wenn wir nicht mehr die Affen mit den alten Regeln sind?«, fragte ein Schimpanse.

»Genau!«, rief ein Zebra. »Bin ich dann noch immer ein Zebra, auch wenn ich zwischen Nashörnern oder Giraffen herumlaufe?«

»Wir brauchen einen Namen für das, was wir gemeinsam sind«, sagte ein Elefant. »Sonst denken wir immer über diese Frage nach und sind am Ende gar nichts.«

Unter den Tieren setzte eine lebhafte Diskussion über dieses Thema ein.

»Vielleicht habe ich eine Idee«, rief Mojo nach einer Weile, und alle Köpfe drehten sich zu ihm. »Wir sind die, die den Frieden lieben.«

»Die den Frieden lieben?«, fragte ein Wasserbüffel. »Das gefällt mir.«

»Die den Frieden lieben!«, rief eine Antilope. »Das hört sich gut an!«

»Gutgutgutgut!«, riefen die Affen über ihm und rüttelten dabei an den Ästen.

»Unsere Kraft und unsere Zukunft liegen nicht im Beherrschen und Kontrollieren, sondern im Verstehen und Beschließen«, sagte Mojo. »Wer versteht, beginnt zu lieben, und wer liebt und gemeinsam mit anderen etwas beschließt, verändert die Welt.«

»Ich finde, wir sollten es versuchen«, meinte ein Gnu.

»Also, wir sind dabei«, trompetete einer der beiden Elefantenbullen mit seiner Bassstimme. »Für uns ist das meiste von dem, was der junge Löwe gesagt hat, ohnehin schon Teil unserer Kultur. Wir stehen einer neuen, großen Herde gerne mit unserer Erfahrung zur Verfügung.«

»Für uns wäre es nützlich, wenn jemand auf die unteren Bereiche der Umgebung aufpassen und uns beim Trinken beschützen würde«, meinte eine Giraffe. »Dafür halten wir auch gerne Ausschau gegen den Wind.«

Immer mehr Tiere meldeten sich mit Vorschlägen, wie sie für die neue, große Herde wertvoll sein könnten. Schnell bildeten sich Gruppen unterschiedlichster Tiere, die zusammenstanden und eifrig diskutierten. Tiere, die bisher noch

niemals miteinander gesprochen hatten, entwickelten gemeinsame Ideen. Elefanten unterhielten sich mit Gazellen, Giraffen beugten sich nach unten, um die leisen Stimmen von Erdhörnchen besser zu verstehen. Manche Vögel ließen sich auf den Rücken der größeren Tiere nieder und diskutierten mit krächzenden Stimmen, wie sie aus der Luft Wasserstellen sichten oder vor Wilderern warnen konnten.
Für Mojo, der immer noch auf seiner Astgabel saß, hörte sich das Stimmengewirr wie eine Wolke aus gleichmäßigem Geplapper an.
Es gab noch viel zu verändern, aber der erste große Schritt war getan.
»Der erste Schritt ist immer der wichtigste«, hatte die alte Eule einmal in einem der Gespräche im Tierpark erklärt. »Denn mit ihm wird aus dem Zögern ein Gehen.«
Mojo blickte über die Köpfe der Tiere hinweg in die Ferne.
Es würde eine lange Nacht werden. Die erste Nacht, in der Mojos großer Traum tatsächlich zu leben begann.

Viele kleine Leute
an vielen kleinen Orten,
die viele kleine Dinge tun,
können das Gesicht
dieser Welt verändern.

Sprichwort aus Südafrika

Das Ende des Grabens

»Dies alles war der Traum, den ein Löwe in einem Zoo geträumt hatte. Ein Löwe, der seit seiner Geburt jeden Tag auf einen tiefen schwarzen Graben blicken musste, der nur zu dem Zweck erschaffen worden war, ihn vom Leben fernzuhalten.«
Die alte Eule saß im Licht des Vollmondes auf dem Baumstamm, den sich Mojo als Markierung für seinen Anlauf gewählt hatte.
»Und nun, Mojo, spring«, sagte sie. »Mache deinen Traum wahr. Flieg über alle Grenzen hinweg, hinein in dein neues Leben. Und dann fliege immer weiter, so weit dich deine Schwingen tragen.«
Mojo hörte es und spannte jeden Muskel in seinem Körper an. Er erinnerte sich an seinen Traum, den ihm die Eule gerade noch einmal erzählt hatte, damit er alle Kräfte sammeln konnte. Dann lief er los und stieß sich am Rand des Grabens mit aller Kraft ab. Und er spürte, wie er flog.
Irgendwo, dachte Bundi, fliegt in jedem Moment ein mutiges Wesen über seine Grenze in ein neues Leben.

*Wenn etwas
nicht gut ist,
dann machen wir
es gut.*

Sprichwort aus Ghana

Die acht Kräfte des sanften Löwen

Die acht Kräfte des sanften Löwen

Wenn wir uns etwas ersehnen, genügt manchmal ein einziger, bislang fehlender Impuls, und alles kann sich endlich in Gang setzen. Manchmal brauchen wir vielleicht noch Wissen, Erkenntnisse, bestimmte Erfahrungen oder einfach nur eine gewisse Zeit des Übens. Was immer gerade noch fehlen mag, wenn wir es uns holen und dabei nicht aufgeben, werden wir unsere Ziele erreichen.

Die Grundlage der acht Kräfte

Was immer sich im Universum bewegt, vom Vibrieren der kleinsten Quanten bis zur Rotation ganzer Galaxien, wird durch Kräfte in Gang gesetzt und durch weitere Kräfte in Bewegung gehalten. Es gibt also »Ingangsetzungskräfte« und »Fortbewegungskräfte«.

Genauso ist es mit allen Bewegungen in unserem persönlichen Leben. Wir entscheiden, was wir in Gang setzen, und wir entscheiden, was wir in der Fortbewegung halten.

Unser freier Wille ist dabei das größte Geschenk. Er hebt uns über die Naturgesetze einer freien Wildbahn hinaus.

Die folgenden acht Kräfte werden dir helfen, wenn du eine Sehnsucht in dir spürst und einen Traum zum Leben erwecken möchtest.

Sehnsucht

Formuliere deine wahren Sehnsüchte

einfach und verständlich.

Folge ihnen, weil du es im Herzen so willst.

Damit aktivierst du große Kräfte in dir.

Für unser Leben gilt: Freiwilliges Handeln ist viel wirkungsvoller als erzwungenes Handeln. Freiwilliges Handeln entspringt unseren eigenen tiefen Sehnsüchten. Es erspart uns nicht Mühe oder Durchhaltevermögen. Aber die Mühe und Disziplin, die wir auf dem Weg zu einem selbst gewählten Ziel einsetzen, werden gleichzeitig auch Freude und Glück erzeugen, zwei weitere positive Kräfte.

Manchmal zeigt sich eine Sehnsucht als Erstes in Form von Unzufriedenheit mit dem Vorhandenen. Dann verfalle nicht den negativen Gefühlen der Unzufriedenheit, sondern finde heraus, in welche Richtung diese Gefühle dich im Positiven führen möchten.

In der Praxis

Erinnere dich an deine Lebensträume aus der Zeit, als du noch freier dachtest. Als Kind, Schüler, Student. Als scheinbar noch alles möglich war. Denke an deine Hobbys, Leidenschaften, Vorbilder. Was bewunderst du? Wohin zieht es dich seit Langem? Welche menschlichen Leistungen findest du nachahmenswert? Wonach hast du schon immer gesucht? Wovon würdest du Bilder in deinem Zimmer aufhängen?

Falls du dir unklar darüber bist, suche möglichst viele neue Erfahrungen. Sei offen für Ungewöhnliches. Durchbreche alte Muster und Regeln. Tue Dinge, die dein Verstand deinem Gefühl schon immer ausreden will. Wage einen Sprung und folge deinem Gefühl. Beginne ganz klein, wenn du magst. Beobachte, wie du darauf reagierst.

Beobachte andere Menschen aufmerksam und versetze dich in ihre Lage. Entsteht dabei ein positives Gefühl oder berührt es dich, bedeutet dies, dass das Leben oder Verhalten des anderen etwas mit deinen Sehnsüchten zu tun hat. So findest du immer mehr Puzzleteile von deinem Traum.

Schreibe alle deine Sehnsüchte auf, ganz gleich, ob ihre Erfüllung realistisch erscheint oder nicht. Sammle sie nur, bewerte sie nicht. Diese Sammlung ist dein wertvoller Lebensschatz, darum ergänze sie immer wieder. Bilde Gruppen oder Überschriften oder Themenfelder. Womit hat dies oder das zu tun, wenn es Ausdruck einer verborgenen Sehnsucht wäre? Je öfter du daran arbeitest, umso klarer werden dir deine wahren Sehnsüchte. Viele davon werden nicht in deinen bisherigen Lebensablauf passen. Das ist gut so. Wir leben, um zu verändern, nicht um zu bewahren. Aus dem Bewahren entsteht weder Erfahrung noch etwas Neues.

Tipp

Liebe ist die Folge von gelebter Sehnsucht

Liebe ist keine Sehnsucht. Liebe ist ein innerer Zustand, der eintreten wird, nachdem wir einer großen Sehnsucht des Lebens näher gekommen sind. Zum Beispiel, wenn bestimmte Bedürfnisse erfüllt werden. Oder wenn wir unseren Sinn im Leben gefunden haben.
Das zu wissen ist hilfreich. Denn wenn du glaubst, dass die Liebe deine große Sehnsucht ist, dann wirst du insgeheim immer der Liebe hinterherlaufen. Die Liebe kommt aber nicht,

indem man ihr hinterherläuft. Sie ist das Ergebnis, wenn du das Richtige tust – das, was dich erfüllt. Wenn du die richtigen Menschen um dich hast, deren Anwesenheit dich erfüllt. Wenn du einen Lebensweg eingeschlagen hast, der dich erfüllt. Das Ziel musst du dabei nicht erreicht haben. Es genügt zu wissen und zu fühlen, dass du auf einem guten Weg bist und nicht auf einem falschen.
So gesehen musst du dich um die Liebe selbst nie kümmern, sondern nur die Dinge herausfinden, die dein Leben lebenswert machen.

Die zweite Kraft des sanften Löwen

Klarheit

Deine Klarheit ist wie ein Zeigestab

auf der Tafel deines Lebens,

damit die Kräfte des Universums wissen,

wohin sie sich bewegen sollen.

Sei deutlich erkennbar und handle konsequent.

Es ist wichtig, die eigenen Sehnsüchte nicht nur zu spüren und ihnen Raum zu geben, sondern sie auch klar formulieren zu können. Weil nur dann auch klare Gedanken, klare Ziele, eine klare Ausstrahlung und klares Verhalten entstehen können. Deine Klarheit wirkt wie ein stark gepolter Magnet auf die Welt um dich herum.

Suche die »Baustellen« in deinem Leben. Dort findest du fast immer eine Form von Unklarheit. Wahrscheinlich kannst du bei vielen von ihnen selbst einen Schritt zu mehr Klarheit machen. Das ist gut, denn damit liegt die Beseitigung der Baustelle in deiner Hand. Du musst nicht ständig abwarten wie ein Opfer. Diese Klarheit zu erleben liebt dein Unterbewusstsein, und die Erfahrung wird dir Kraft geben.

In der Praxis

Überprüfe nach und nach in allen Lebensbereichen, ohne Stress und Druck, was zu dir passt. Jede Kleinigkeit, von deiner Ernährung über die Gegenstände in deiner Wohnung bis hin zu Menschen, Vorhaben oder Orten, könnte ein Schlüssel für die Gewinnung von Klarheit sein.

Folgende einfache Übung unterstützt dich dabei:

Werde ruhig und ausgeglichen auf die Weise, wie du es am besten kannst. Schließe die Augen und beruhige deine Gedanken, so gut es dir möglich ist. Stell dir dann die Frage zu deinem Thema: »Ist es gut für mich, wenn ich die Sache A mache?« Achte dabei auch auf kleinste Veränderungen in deinem Wohlbefinden, Kreislauf oder Gleichgewichtsgefühl. In der Gegenprobe fragst du dich: »Ist es gut für mich, wenn ich die Sache B mache?«

Das Gefühl, das du daraufhin empfindest, ist keine Einbildung, sondern eine tatsächliche Reaktion, die dir wertvolle Hinweise gibt. Vielleicht spürst du ein inneres Lächeln oder aber eine Verkrampfung? Entscheide, ob du die Reaktion eher als angenehm oder als unangenehm einstufen würdest.

Führst du später deine Entscheidung für die Sache A oder B aus, achte darauf, wie du dich währenddessen und danach fühlst. Je mehr Übung du hast, umso zuverlässiger wird dein inneres »Anzeigeinstrument« werden. Beobachte gelegentliche Fehler dankbar. Aus ihnen lernst du, wo du dein Gefühl künftig noch besser interpretieren kannst. So gewinnst du Schritt für Schritt mehr Klarheit.

Tipp

Immer zuerst im nahen Umfeld suchen und beginnen

Manchmal weiß man einfach nicht, wohin es auf weite Sicht gehen soll. Dann sieh nach, was gerade direkt vor dir liegt, und werde genau hier auf dieser Stufe klarer als bisher.
Falls du einfach nicht weißt, was du genau willst, so weißt du bestimmt, was du nicht mehr willst. Dann formuliere diese Erkenntnis nicht in der Rolle als Opfer, sondern als klarer Entscheider. Du willst nicht, dass »bitte, bitte diese Sache nie wieder so abläuft …«. Stattdessen beschließt du: »Ab sofort sind folgende Dinge,

Menschen, Handlungsweisen oder Gedanken nicht mehr Bestandteil meines Lebens.«
Loslassen, Abschneiden, Beenden, Verzichten … Auch das sind entschiedene, klare Handlungen mit viel Kraft.

Die dritte Kraft des sanften Löwen

Kraft

Übe dich in allen Fähigkeiten

und in der Kraft

und in der Ausdauer,

die du benötigst, um dein Ziel zu erreichen.

Wo immer du hinwillst, was immer du erreichen möchtest – du wirst dazu bestimmte Fähigkeiten und Kräfte brauchen. Finde zuerst heraus, welche dies sind. Was müsste ein Mensch wissen oder können, der ein Ziel wie deines erreichen will? Ähnlich einem Sportler, der seinen Körper trainiert, um ein bestimmtes Ergebnis zu erzielen, kannst du Fähigkeiten trainieren, um dein Ziel zu erreichen. Es mag sein, dass du dich anstrengen musst und dass es Zeit braucht. Dann erinnere dich: Ein wesentlicher Unterschied zwischen denen, die Ziele erreichen, und jenen, die sie nicht erreichen, liegt darin, dass die Erfolgreichen einfach nicht damit aufhören, ihre Träume zu verfolgen, während die anderen abbrechen, weil es ihnen zu anstrengend wird.

Falls es wieder einmal so schwer wird, dass du dein Vorhaben abbrechen möchtest, erinnere dich an das Hebelgesetz bei Zahnrädern. Ein kleines Zahnrad kann sich mit ganz wenig Kraft drehen und dabei dennoch ein großes Zahnrad antreiben. Es braucht nur länger, aber dafür geht es auch leichter. Und am Ende ist es dennoch geschafft. Hundert kleine und machbare Schritte führen dich ebenso ans Ziel wie zehn kaum zu schaffende Riesensprünge.

Das größte Problem wäre nicht, wenn du etwas nicht kannst. Denn das ist veränderbar. Das größte Problem wäre, wenn du aufgibst.

In der Praxis

Beobachte oder frage Menschen, die deinen Wunschzustand bereits erreicht haben. Wahrscheinlich haben sie einen Weg eingeschlagen, der auch für dich machbar wäre.

Wenn du die richtigen Schritte gefunden hast, übe dich darin. Niemand überspringt einen breiten Graben, wenn er nicht eine Zeitlang Springen geübt hat. Das Üben kann sogar Spaß machen, wenn du nicht ständig an den Graben denkst.

Wissen aus Büchern ist ebenfalls gut, aber es vermittelt zunächst nur »Information«. Mit Information alleine wird kein Haus gebaut. Letztlich ist es die praktische Arbeit von Händen. Deshalb bleibe nicht beim gemütlichen Schritt des Informierens stehen.

Sobald du weißt, was du lernen willst, suche dir den bestmöglichen Lehrer. Jemand, der dich als Mensch wahrnimmt und erkennt, wo du einen Impuls oder eine Unterstützung brauchst. Investition in Qualität ist sehr hilfreich, wenn du etwas Wichtiges erreichen möchtest.

Tipp

Negativen Gedanken nicht die Macht überlassen

Manchmal denkt man, man hätte einfach nicht die Kraft, wie andere sie haben. Diesen Gedanken könntest du gleich in eine Tüte stecken und draußen in die Mülltonne befördern. Es geht nie darum, wie viel Kraft andere haben. Es gibt Menschen, die Bilder malen, obwohl sie keine Arme haben. Menschen, die mit Beinprothesen Marathon laufen. Menschen, die ein Studium absolvieren, obwohl sie eine Behinderung haben. Wenn du Arme und Beine und einen Kopf hast, kannst du schaffen, was du dir vornimmst. Gestatte dir einfach einen längeren Zeitraum und machbare Schritte.

Die vierte Kraft des sanften Löwen

Vertrauen

Wenn du einmal deinen Weg gefunden hast

und beschlossen hast, ihn zu gehen,

vertraue darauf, dass es gelingt.

Vertrauen ist für viele Menschen sehr schwer. Denn viele haben nie wirkliches Vertrauen von anderen bekommen. Viele haben erlebt, dass ihr eigenes Vertrauen enttäuscht oder missbraucht wurde. Also vertrauen sie am Ende sich selbst oder dem Leben nicht mehr.

Man kann nicht so einfach beschließen zu vertrauen. Vertrauen entsteht oder wächst, wenn du persönlich erlebst, dass das Leben mutige Handlungen letztlich nicht bestraft, sondern belohnt. Das Leben. Nicht Menschen. Und das wirst du nur erfahren, wenn du immer wieder mutige Handlungen durchführst.

Vertrauen in das selbst gewählte Ziel zu setzen ist essenziell für das Gelingen, denn der Name des Gegenpols lautet »Misstrauen«. Misstrauen in die eigenen Kräfte erzeugt Zweifel. Zweifel erzeugt Unklarheit, und diese wiederum schwächt den inneren Magneten, der die künftigen, positiven Ereignisse anzieht. Vertrauen zu dir selbst ist einer der wichtigsten Faktoren für die Schaffung deiner persönlichen Realität.

Du bist, was du glaubst zu sein. Deshalb ist jede Zeit und Mühe, die du in den Zugewinn von Selbstvertrauen investierst, außerordentlich wertvoll.

In der Praxis

Selbstvertrauen entsteht, wenn Herausforderungen gemeistert werden. Lege einen »Weg der persönlichen Herausforderungen« fest. Kleine Herausforderungen stehen zu Beginn, größere erst weiter hinten. Schreibe alles sorgfältig auf, auch die kleinen Herausforderungen, von denen du glaubst, sie leicht meistern zu können. Denn dein Unterbewusstsein wird an allem irgendwann ein Haar in der Suppe finden und deine guten Erlebnisse kleinreden wollen. Daher schreib dir deine Erfolgserlebnisse und Erkenntnisse auf. Wenn du die Aufzeichnungen später wieder liest, wirst du überrascht sein.

Stelle dich Schritt für Schritt und ohne dir selbst zu großen Druck zu machen einer kleinen Herausforderung nach der anderen. So wächst du mit jedem Erfolg. Und mit dir wächst dein Vertrauen in deine Fähigkeiten. Später wirst du Herausforderungen, die du einmal als unüberwindlich eingestuft hast, mit spielerischem Vergnügen angehen und überwinden.

Tipp

Manchmal genügt schon ein veränderter Gedanke

Sicher kommt es auch mal vor, dass du denkst: »Ich kann es einfach nicht, weil ich nicht genug Vertrauen habe.« Genau dieser Satz könnte der Verhinderungstrick deines Unterbewusstseins sein. In diesem Fall könntest du deinem Unterbewusstsein antworten: »Kein Problem, dann gehe ich diesen Schritt einfach ohne Vertrauen.«

Die fünfte Kraft des sanften Löwen

Fantasie

Richtig und mit Freude eingesetzt,

ist Fantasie nichts anderes

als vorweggenommene Realität.

So wertvoll Erfahrungen sein mögen – je mehr wir von ihnen ansammeln, desto mehr können sie unser Denken auch einengen. Viele persönliche Grenzen sind einfach nur Grenzen des Denkens. Man kann es sich nicht vorstellen, und was man sich nicht vorstellen kann, wird man auch nur schwer erreichen. Die eigene Fantasie zu trainieren bedeutet also automatisch, seine Möglichkeiten für die Realität innerlich zu erweitern. Zudem gehört Fantasietraining zu den vergnüglichsten Beschäftigungen im Leben.

In der Praxis

Fantasie besteht aus Gedanken ohne Begrenzungen. Alles, was deine Grenzen im bisherigen Denken überschreitet, verändert oder auflöst, fördert deine Fantasie. Dabei gibt es zwei grundsätzliche Wege, die sich gegenseitig verstärken: Erlebnisse und Tagträume.

Persönliche Erlebnisse, die deine Vorstellung über deine Grenzen im Leben erweitern, sind grandios für deine Zukunft. Erstelle eine Liste verrückter Dinge, die du tun würdest, wenn alles möglich oder alles egal wäre. Nimm dir den Punkt, der am leichtesten machbar ist – und tue es! Damit fällt eine Grenze zwischen Fantasie und Realität. Fallende Grenzen real zu erleben ist perfekt für dein Unterbewusstsein. Denn ab sofort weiß es: »Eine Fantasie auf einem Papier kann Wirklichkeit werden. Ich habe das selbst erlebt.«

Der zweite Weg, Grenzen zu überschreiten, sind die Tagträume. Filme, Bücher, Musik, Erzählungen, ungewöhnliches Theater, Herumfantasieren mit Freunden oder Gedankenexperimente im Stillen – alles fördert die Fantasie.

Hilfreich sind auch Umgebungen oder Einrichtungen, die dich in unbeschwerte, verspielte und kindliche Stimmung versetzen. Oder der Umgang mit Kindern selbst.

Du kannst auch ganz praktisch beginnen: Falls du zum Beispiel schon immer einmal Westernreiten wolltest, dann bestelle dir noch heute das Halstuch dazu. Dein Unterbewusstsein erlebt: Fantasie wird real. Wenn du schon immer ein Instrument lernen wolltest, suche dir noch heute eines aus und bestelle es oder leih dir eines aus. Wieder lernt dein Unterbewusstsein: Fantasie wird real. Falls du einen passenden Beruf für dich finden möchtest, suche dir einen Ort, an dem du Berufe ausprobieren oder gute Einblicke in bestimmte Jobs bekommen kannst. Oder beschäftige dich mit konkreten Dingen, die dir Spaß machen und die auch Teil deines zukünftigen Berufs wären. So beginnt Fantasie zu Realität zu werden.

Tipp

Alles Neue beginnt mit einer einfachen Frage

Kreative Menschen wissen, dass eine gute Idee fast immer mit den folgenden Worten beginnt:
»Was wäre, wenn…?«
Falls du das Gefühl hast, deine Möglichkeiten wären gerade doch eher begrenzt, frage dich:
»Was wäre, wenn sie grenzenlos wären?«
Falls du denkst: »Ich kann dies und das nicht

machen, weil ...«, dann frage dich: »Was wäre, wenn ich es dennoch täte?«
Falls du glaubst, du würdest jemandem schaden, wenn du deinen Weg gingest, frage dich: »Was wäre, wenn ich ihm damit gar nicht schaden, sondern am Ende sogar nützen würde?«
Formuliere negative Vermutungen um und spüre, was diese Umkehrung mit dir macht.
Was immer dich gerade einschränkt, mit der Was-wäre-wenn-Frage öffnest du den kreativen Gedankenfluss wieder.

Die sechste Kraft des sanften Löwen

Wille

Nicht der Gedanke,

die Absicht oder das gesprochene Wort,

sondern der tiefe innere Wille

entscheidet über die Chance,

mit der ein Ziel erreicht werden kann.

Wo ein Wille ist, ist auch ein Weg, sagt ein altes Sprichwort. Warum dann nochmals erwähnen, was selbstverständlich erscheint? Weil man sich manchmal über den eigenen Willen täuschen kann.

Es gibt einen Willen, der in dir sagt: »Ich will das.« Aber warum willst du das? Falls du es willst, weil du denkst, du solltest es wollen, ist das nicht genug. Es liegt nur wenig Kraft in diesem Willen.

Die nächste Stufe von Willen ist die tiefe Überzeugung. Sie sagt: »Ich will das, weil es das absolut Richtige ist. Weil ich in jeder Faser spüre, dass diese Sache mein Weg ist. Selbst wenn andere mich verunsichern und mir abraten, so bin ich dennoch überzeugt von meinem Weg.«

Die dritte Stufe wäre das bedingungslose Bekenntnis. Es sagt: »Ich will es unter allen Umständen, ganz gleich, was ich dafür tun oder lassen muss. Ich will es, weil es Teil meines Lebenssinns ist. Ich werde definitiv nicht sterben, ohne es getan oder mindestens versucht zu haben.«

Wirklicher Wille ist eine enorme Antriebskraft, die auf verschiedenen Kanälen nach innen und außen wirkt. Wahrer Wille misst sich daran, wie viel ein Mensch einbringen und auch aufgeben würde, um das Ersehnte zu erreichen. Wie viel Zeit, Risiko, Energie, Geld, Kraft, Anstrengung, Entbehrungen bist du bereit einzubringen? Wie viel Gewohntes, wie viel Sicherheit würdest du aufgeben? Finde deine ganz persönliche Antwort dazu. Keine ist falsch. Deine Antwort bedeutet einfach nur mehr Klarheit und Kraft für dich.

In der Praxis

Wenn du ein Ziel vor Augen hast, das du unbedingt erreichen willst, kannst du deinen Willen zunächst prüfen: Auf welcher der drei Stufen würdest du ihn einordnen? Entdeckst du Schwachstellen in deinem wahren Willen, hilft dir die folgende Übung, sie schrittweise zu beseitigen:

Versetze dich mit deinem gesamten Potenzial an Gefühl in die Situation, von der du dich lösen willst. Oft ist sie negativ belegt, und du wirst Leid empfinden. Lasse dieses Gefühl zu, bis du es intensiv spürst. Frage dich dann, ob du dieses Gefühl in Zukunft weiter in dir tragen willst.

Stell dir vor, es gäbe einen Arzt, der dich von diesem seelischen Schmerz für immer befreien könnte und dir im Gegenzug zu dem ersehnten Zustand verhelfen würde. Er sagt aber, du müsstest dafür ein Opfer bringen. Was wärst du bereit, ihm dafür zu geben?

Gehe alle Dinge deines jetzigen Lebens durch, die dir scheinbar wichtig sind, und stelle sie dem Gefühl deines Schmerzes gegenüber. Wäge ab, was du loslassen kannst, weil es dich am Ende leichter machen wird. So wirst du einen »Loslass-Korb« mit all den Dingen und Gewohnheiten erhalten, die du eintauschen würdest, um dich von dem Schmerz zu befreien. Und einen Korb, den du nicht hergeben würdest. Wenn du darüber Klarheit gewonnen hast, beginne schrittweise mit dem Loslassen. Denn dieser Arzt bist du selbst.

Tipp

Der Wille im Herzen entscheidet mehr als der Wille im Kopf

Es gibt einen Willen im Kopf und einen Willen im Herzen. Jener im Herzen ist der wichtigere. Denn der Verstand kann eine Illusion erzeugen und sagen: »Ja, natürlich will ich das. Schon klar.« Und gleichzeitig will das Herz es nicht wirklich. Wenn dein Herz es nicht will, mache nicht mit dem Kopf weiter, sondern befrage zuerst dein Herz. Frage es, was besser wäre. Frage es, ob du überhaupt auf dem richtigen Weg bist und es gerade nur um Durchhalten geht. Oder ob du ganz neu nachdenken solltest.

Die siebte Kraft des sanften Löwen

Liebe

Ziele auf einem Weg ohne Liebe zu erreichen,

wird dich am Ende viel gekostet haben.

Erreichst du sie mithilfe der Liebe,

macht dich schon der Weg dorthin glücklich.

Dass wir Ziele um fast jeden Preis erreichen wollen, hat die Evolution in unseren Genen verankert. Die Menschlichkeit in uns will aber, dass wir Ziele erreichen, ohne anderen Probleme zu bereiten. Manchmal leiden wir unter diesem inneren Zwiespalt, sind verwirrt oder unentschlossen.

Ideal wäre ein Weg mit einer liebevollen Grundhaltung zu dir selbst. Vielleicht auch zu der Welt, zum Leben und zu Menschen. Liebe bedeutet aber nicht, andere vor etwas zu bewahren, was sie in Wahrheit mit sich selbst ausmachen müssen.

Egal, welcher Art deine Ziele sind, es wird immer mehrere Wege dorthin geben. Manche Ziele werden als Preis fordern, dass du fühlen wirst, was du nicht fühlen wolltest. Manche Ziele werden verlangen, dass du an dich selbst denkst, ganz gleich, was andere denken.

Fliehe nicht davor. Hinter diesen Gräben geht es weiter. Dahinter liegen die Freiheit und die Liebe zu deinem Leben.

Wenn du eine Form von Liebe *ohne Einflussnahme auf andere* lebst, werden manche Dinge auf wundersame Weise wie von alleine geschehen. Nicht mehr du wirst den Ereignissen und Menschen nachjagen – stattdessen werden die Ereignisse und Menschen dich suchen. Deine Liebe zum Leben wird vom Leben erwidert werden.

In der Praxis

Wenn du ein Ziel hast, baue die Liebe in den Weg ein, indem du die einzelnen Bausteine lieben lernst, nicht nur das Ergebnis. Beschränke dich nicht auf diese ergebnisorientierte Liebe. Liebe es, dass du dich vorbereiten darfst, dass du lernen und üben darfst. Liebe es, dass du einen winzigen Schritt getan hast. Liebe die Tatsache, dass du unabhängig bist und deine Lebensidee allmählich konkreter wird. Es gibt so viele Möglichkeiten, bereits den Weg zu einem neuen Zustand zu lieben. Wenn du Gutes tust, kannst du Liebe dabei empfinden. Das wäre das Gegenteil von Warten, dass dir Gutes getan wird. Fühlt sich das nicht viel besser an?

Liebe in dir zu fühlen bewirkt sehr viel, denn du wirst Liebe aussenden und andere werden es unterbewusst spüren.

Tipp

Die Liebe ist hinter der Dankbarkeit versteckt

Von anderen geliebt zu werden, ist für viele ein sehnlicher Wunsch und ein großes Ziel, für das sie viel zu tun bereit sind. Beobachte, ob dich dieses Bestreben in Wahrheit abhängig von den anderen macht. Ob du damit auf Reaktionen wartest, die in dir Liebe erzeugen. Abhängigkeit erschafft keine wirkliche Liebe. Löse deine Liebe von dem Verhalten anderer Menschen. Suche stattdessen Gründe für Dankbarkeit. Einen morgens, nach dem Aufwachen. Einen am Abend, vor dem Einschlafen. Jeden Tag. Denn hinter der Dankbarkeit verbirgt sich die wahre Liebe.

Die achte Kraft des sanften Löwen

Handeln

Dein neues Bewusstsein verändert dich.

Aber erst dein neues Handeln

verändert deine Welt.

Der achte Baustein für ein erfüllendes Leben bündelt alle bisher genannten Kräfte zur Erreichung eines Ziels in der äußeren Welt. Er lautet: »Handeln«. Handeln scheint selbstverständlich zu sein. Warum bedarf es dann überhaupt einer Erwähnung?

Erstens, weil man oft aus Angst vor möglichem Scheitern unter Vorwänden das Handeln verzögert.

Zweitens, weil es verschiedene Arten des Handelns gibt und nur eine den Erfolg bewirkt: Du musst das Richtige auf die richtige Art und Weise zum richtigen Zeitpunkt tun. Wenn eine dieser drei Bedingungen nicht erfüllt ist, kann erfolgreiches Handeln schwerer als nötig werden.

In der Praxis

Zu wissen was richtig wäre, ist etwas anderes, als es auch praktisch zu tun. Wenn du etwas vorhast, von dem du annimmst, es sei erfolgsentscheidend oder wesentlich für dein Leben, stelle dir diese drei Fragen:

Frage 1:
Ist das, was ich vorhabe, nach allem, was ich weiß, und nach allen Informationsquellen, die ich befragt habe, die am meisten Erfolg versprechende Vorgehensweise?

Wenn du unsicher bist, handele parallel, das heißt probiere gleichzeitig die zweitbeste Vorgehensweise aus. Oder suche dir Experten, die dir bei der Klärung dieser Frage helfen. Es ist klug, sich für eine wichtige Sache das Wissen kluger Menschen zu holen.

Frage 2:
Bin ich in der Lage, das, was ich für richtig halte, auch richtig auszuführen, oder könnte es ein anderer besser? Wie könnte ich diesen anderen für meine Unterstützung gewinnen?

Du musst nicht alles selbst tun. Das ist eine wichtige Erkenntnis, denn viele Menschen wurden zu Einzelkämpfern erzogen. Aber niemand wird dich belohnen, nur weil du es unter vielen Mühen alleine geschafft hast. Der Welt ist es egal, ob du es alleine oder zusammen mit einem anderen ausgeführt hast. Erheblich ist nur, dass der neue, bessere Zustand erreicht wird.

Frage 3:
Wenn ich auf alles Einfluss hätte, gäbe es dann einen idealen Zeitpunkt für mein Vorhaben? Falls ja, was hält mich davon ab, diesen zu nutzen?

Der falsche Zeitpunkt – manchmal nur eine Stunde, ein Tag oder eine Woche zu früh oder zu spät – kann die gesamte mühevolle Vorbereitung zunichtemachen. Darum nutze »die Gunst der richtigen Stunde«. Surfe die Welle, wenn sie da ist. Erinnere dich, dass die hundert Prozent Energie aus einer Begeisterung nach 72 Stunden bei Null angekommen sind. Es ist klug, das Sofort-Zeitfenster für die ersten Schritte zu nutzen.

Tipp

Belohnung zum richtigen Zeitpunkt

Viele Menschen leiden unter »Prokrastination«. Das bedeutet, ein Teil in uns verschiebt unangenehme Arbeiten immer wieder auf später und noch später. Der Grund dafür ist die Sehnsucht nach Glücksgefühlen hier und jetzt durch Belohnungen hier und jetzt. Lieber jetzt essen gehen und später lernen. Lieber jetzt ein Spiel machen und später arbeiten. Lieber im letzten Moment unter Stress eine Notlösung zustande bringen, als wochenlang an etwas arbeiten zu müssen. Lieber jetzt etwas Leckeres essen, als mühevoll ein Problem zu lösen. Prokrastination bereitet uns in der Summe ein unglückliches Leben. Doch du kannst dein auf Belohnung geeichtes Stammhirn austricksen. Biete dir selbst eine Belohnung nach einem definierten Arbeitsschritt an: Arbeite zum Beispiel eine halbe Stunde an deinem Teilziel und belohne dich anschließend mit einem Kaffee, einem kurzen Spiel, einer kurzen Ablenkung. Wenn du den ganzen Tag durchgearbeitet hast, gönne dir abends einen Kinobesuch. Belohnungen sind etwas Wundervolles, aber sie dürfen nicht dein Leben dominieren.

Unser Unterbewusstsein betrachtet übrigens ein Spiel – egal welcher Art – als eine Superbelohnung! Es verschafft uns viel größere Glücksgefühle als Essen oder Trinken. Denn Spielen bedeutet: Ich bin nicht im Problemmodus, nichts bedroht mich, alles ist frei und leicht.

Aus einem Strohhalm wird ein Vogelnest.

Sprichwort aus Namibia

Bildnachweis

Illustrationen: Shutterstock:
5 (Bartkowski), 5 (caesart), 5, 7, 15, 16, 32, 36, 117 (Transia Design), 7 (Victoria Novak), 8, 9, 11, 15, 74, 83, 86, 99, 109, (Lenny712), 8, 9, 10, 14 (tanjasmirnova), 9, 94 (Le Panda), 19 (kostins), 21, 29, 41, 84 (modera761101), 26 (Arefyeva Victoria), 33 (Anna Suprunenko), 38 (Red_In_Woman), 46 (Syrytsyna Tetiana), 53 (krisArt), 57 (soosh), 59, 72 (Tatyana Komtsyan), 62 (Color Brush), 67 (Irene-Art), 71 (Mitrushova Tatiana), 81 (Merkushev Vasiliy), 90 (Olena Zaskochenko), 92 (Jula_Lily), 96 (Michael Vigliotti), 103 (Ramiia), 107 (Maltiase), 113 (Catya Shok), 119 (Ron Dale), 120 (zizar), 121 (Macrovector);

Unsere Leseempfehlung

224 Seiten

Innehalten. Beobachten. Sich bewusst für die Hingabe entscheiden. Ein Ja! im richtigen Moment kann alles verändern. Negatives Denken wird unterbrochen. Selbstablehnung löst sich auf. Leid wird zu Glück. Einsamkeit zu Liebe. Überforderung zu Ruhe. In jedem von uns gibt es eine Stelle, die darüber entscheidet, ob wir uns glücklich fühlen oder Unglück empfinden. Ob wir Liebe in uns spüren oder Ablehnung. Jedes innere Nein erzeugt Abwehr und unglückliche Gefühle. Jedes Ja erzeugt Glück und wird zu einem Moment von Liebe. Das Glück wartet nur auf ein einziges Wort im richtigen Moment: Ja!